Situational English for Nurses

Jenna CHOI

Preface 저자 서문

이 책에서 저는 뉴질랜드 종합병원의 Surgical Ward에서 Registered Nurse로서 4년, 현직 Nurse Educator로 6년째 근무하여 온 경험들을 더함도 뺌도 없이 있는 그대로 보여 줌으로써, "실제 병원에서의 임상 영어 대화의 흐름"을 온전히 담아내고자 노력했습니다.

IELTS 8.0을 가지고서도 실시간 대화에서 여지없이 맞닥뜨렸던 언어의 장벽(language barrier), 그리고 그때마다 마음을 휘감던 두려움과 절망감… 집에 오면 늘 소파에 엎드려 20분씩 펑펑 울곤 하던 그 기억에서 3년 전 어느 날 밤, 이 책의 첫 문장을 쓰기 시작한 용기가 나온 듯합니다.

저는 언어학자도, 영어 전공자도 아닙니다만, 제가 영어권 국가의 간호사로서 10여 년간 매일같이 환자들과 호흡하고 동료 전문가들과 긴밀히 협력하며 느꼈던 점은, 현실적인 임상 대화에서의 영어 실력 향상을 위해서는 각 상황별 "대화의 흐름을 뇌가 받아들이는" 것이 매우 중요하다는 사실입니다. 한국 사람과 영어권 국가 사람들의 대화의 흐름은 매우 다르기 때문입니다.

이 책을 선택하신 선생님들께서 스스로 본인에게 맞는 학습법을 찾아 노력하시겠지만, 생생한 현장에 몸담아 온 경험자로서 감히 한 가지를 말씀드리자면, 포기하지 않는 물리적 시간의 절대량이 필요한 듯합니다.

이 책의 내용은 제가 근무하고 있는 뉴질랜드 병원의 다양하고 생생한 실제 상황들을 담고 있습니다. 이 책을 통해 공부하시는 선생님이 미국, 캐나다, 호주, 영국을 비롯한 전 세계 70여 개 영어권 국가로의 진출을 목표로

하신다면, 혹은 한국 내에서 외국인 환자를 담당하는 부서로의 이직을 준비하신다면, 이 책이 선생님의 실질적인 임상 영어 대화 실력 향상에 큰 도움이 될 뿐 아니라, 한 번 응시하는 비용도 만만치 않은 IELTS, OET 등의 영어시험 준비에도 많은 도움이 되리라 생각합니다.

한번은 너무 바쁘고 힘들었던 나머지 원고 쓰기를 멈추었을 때, 이 책의 제작자인 남편이 이런 말을 해준 적이 있습니다.
"3교대 나이트 근무를 마치고 지친 간호사 선생님이 퇴근길 지하철과 버스 안에서 당신 책을 꺼내어 자신의 꿈과 목표를 향해 조금씩 다가가는 모습을 상상해 봐…"
이 말을 듣고 바로 다시 노트북 앞에 앉았습니다.

당신께서도 그 시절 RN이셨던 한국에 계신 어머님 그리고 아버님의 격려 말씀과 기도, 제가 걱정하지 않도록 늘 애쓰시는 친정 부모님, 지난 3년여간 언제나 이 원고를 쓰는 것을 응원해 준 든든하고 소중한 딸, 어쩌면 자신의 인생에서 가장 바쁜 시기였음에도 현지 원어민의 시각으로 원고를 검토해 준 Philippa Archibald, 그리고 저의 책을 선택해 주신 독자 선생님께, 이 지면을 통해 깊이 감사드립니다.
이 책이 선생님에게 도움이 되길 진심으로 소망합니다.

2022년 4월 New Zealand
Jenna CHOI

※본 책의 내용은 상황별 의학적 대처를 의미하지 않습니다.

Contents

2   **Preface** 저자 서문

Part 1

8   **Elevator: First day of work** 출근 첫날, 엘리베이터에서

10   **First day in the ward** 병동에서의 첫날

12   **Handover before tea break** 휴식 가기 전에 하는 인수인계

16   **Having a break** 휴식 중

18   **Drug administration** 투약할 때

22   **In an emergency situation in a public area** 공공장소에서 생긴 응급상황

24   **Speaking up for safety** 안전을 위해 목소리 높이기

26   **Checking vital signs** 활력징후 체크하기

30   **Admission assessment** 입원사정

36   **Assessment before surgery** 수술 전 사정

40   **Conversation with a colleague (1)** 동료와의 대화 (1)

42   **Education for Blood sugar monitoring** 혈당 모니터링을 위한 교육

46   **Indwelling catheter removal** 소변줄 제거하기

52   **Bladder scan** 잔뇨량 체크를 위한 방광스캔

60   **Conversation with a house officer** 의사와의 대화

64   **Female IDC insertion** 소변줄 삽입

70   **Assisting with getting out of bed** 침대 밖으로 나오는 것 도와주기

74   **Assisting adult feeding** 식사 돕기

78   **Assisting taking a shower** 샤워 도와주기

88   **Discussion with multidisciplinary team** 다양한 분야의 전문가들과의 회의

94   **Measuring patient's weight** 환자 몸무게 측정하기

100   **Position change** 체위 변경

104   **Working with patient in partnership** 환자와 협력해서 일하기

108   **Education for deep breathing exercise and cough** 심호흡과 기침을 위한 교육

110   **Helping a visitor find a patient** 환자 찾는 것 도와주기

Part 2

Encouraging smoking cessation 금연 권장하기   116

Conversation with a colleague (2) 동료와의 대화 (2)   120

Conversation with a colleague (3) 동료와의 대화 (3)   124

Conversation with a colleague (4) 동료와의 대화 (4)   126

Reflection on a drug error 투약 사고에 대해 숙고하기   128

Job interview (1) 취업 인터뷰 (1)   134

Job interview (2) 취업 인터뷰 (2)   138

Job interview (3) 취업 인터뷰 (3)   142

Job interview (4) 취업 인터뷰 (4)   144

Discharge 퇴원   148

Transfer to another ward 다른 병동으로 환자 이송하기   152

Hand washing 손 씻기   156

Praying for an anxious patient 불안해하는 환자를 위해 기도해 주기   160

Intravenous catheter insertion 정맥 카테터 삽입하기   164

Taking blood from the peripheral line 말초혈관에서 혈액 채취하기   168

Taking a urine sample 소변샘플 채취하기   172

Nasogastric tube insertion 비위관 삽입하기   176

Negative pressure wound therapy (1) 음압 상처치료 (1)   180

Negative pressure wound therapy (2) 음압 상처치료 (2)   184

Telephone conversation 전화상으로 대화하기   188

Bedside handover 침상 옆 인수인계   192

Conversation with a nursing student (1) 학생간호사와의 대화 (1)   196

Conversation with a nursing student (2) 학생간호사와의 대화 (2)   200

Problem solving with a colleague (1) 동료와 함께 문제 해결하기 (1)   204

Conflict resolution with a manager (2) 직장 상사와 함께 문제 해결하기 (2)   208

한글 해석본   212

Part 1

1 Elevator: First day of work

2 First day in the ward

3 Handover before tea break

4 Having a break

5 Drug administration

6 In an emergency situation in a public area

7 Speaking up for safety

8 Checking vital signs

9 Admission assessment

10 Assessment before surgery

11 Conversation with a colleague (1)

12 Education for Blood sugar monitoring

13 Indwelling catheter removal

14 Bladder scan

15 Conversation with a house officer

16 Female IDC insertion

17 Assisting with getting out of bed

18 Assisting adult feeding

19 Assisting taking a shower

20 Discussion with multidisciplinary team

21 Measuring patient's weight

22 Position change

23 Working with patient in partnership

24 Education for deep breathing exercise and cough

25 Helping a visitor find a patient

Elevator:
First day of work

Tim:	Excuse me. Could you hold the elevator for me, please?
Sarah:	Sure. Where are you going?
Tim:	7th floor, please. Thanks.
Sarah:	Not a problem. I'm going to the same floor as you.
Tim:	I haven't seen you before. Where do you work? ICU or the surgical ward?
Sarah:	I'm a new nurse in the surgical ward. Today is my first day as a new staff member. By the way, my name is Sarah.
Tim:	Nice to meet you, Sarah. I'm Tim. I've been working as an orderly in this hospital for 7 years and I'm delivering this clean laundry to ICU.
Sarah:	Glad to meet you, Tim.

Tim:	Am I the first person you've met on your first day at work? I'm very lucky then.
Sarah:	Yes, you are but I think I'm the lucky one. I was very nervous, but I feel much better because of your warm greeting.
Tim:	You'll be alright. I'm sure everyone in the ward will welcome you.
Sarah:	I really hope so. Oh, here we are. That was fast. After you. I'll hold the button for you.
Tim:	Thanks a lot. All the best for your first day. See you around.
Sarah:	See you later. Have a nice day.

"America's nurses are the beating heart of our medical system."

– Barack Obama

First day in the ward

Sarah: Excuse me. I'm Sarah. I'm looking for the charge nurse, Susan.

Jane: Oh, you're Sarah. Hi, my name's Jane and I'm the ward clerk. We were waiting for you. Susan already told us that we'll have a new nurse starting today. She's in her office. Come with me.

Sarah: Thank you, Jane.

Jane: Is it still raining?

Sarah: Yes, but it's only spitting. The weather forecast said the rain will stop this morning.

Jane: Oh, I hope so. It was pouring for three days! It was as if the heavens opened up! Anyway, here we are. Knock, knock. Susan, this is Sarah, the new nurse we were waiting for.

Susan: Hello, Sarah. Welcome to the new world. Thanks Jane, I'll take it from here.

Jane: No worries. See you shortly, Sarah. Let me know if Susan is being naughty.

Sarah: Thank you. See you later.

Susan: Come in, grab a seat. How are you, Sarah?

Sarah: Um, I tried not to be but I was quite nervous. Honestly, I couldn't sleep properly last night. I'm feeling a lot better now though. In fact, I think I shouldn't have worried too much.

Susan: That's good. I was the same when I was a new nurse here. Even though it was almost 25 years ago, I still remember that day clearly. You're not the only one who's nervous on the first day. We'll look after you.

Sarah: Thank you for telling me that.

Susan: Please remind me about yourself. You're from Korea, right? I've interviewed so many nurses from different countries, so my memory is jumbled up. Apologies if I'm wrong.

Sarah: You're right. I'm from Korea. It must be hard remembering everyone's details. Even remembering someone's name is extremely challenging for me.

Susan: I know what you mean. We're on the same page then. It's almost handover time. I'd like to introduce you to the morning staff before handover. Is that okay with you?

Sarah: Of course. I'm looking forward to meeting them too.

Susan: Let's get going.

Handover before
tea break

"Were there none who were discontented with what they have, the world would never reach anything better."

– Florence Nightingale

Sarah: Melissa, I'm going for a break now. Do you mind looking after my patients while I have morning tea?

Melissa: That's no problem. Let me grab a piece of paper. Hang on a second. I'm ready now. Which patients do you have?

Sarah: All four patients in Room 7.
Mr. Patrick Smith, who's in 7-1, is here for diverticulitis. He's been doing very well so he'll go home today. He's just waiting for his wife, Jo. She'll pick him up at around 12pm. I'll give him his discharge summary and prescription when I come back.

Mr. Rob Jones is in 7-2. 21-year-old Rob was admitted last night for right renal colic. His pain scores were quite high, more than 5 out of 10, so I gave him IV morphine 30 minutes ago. He seems to be fine at the moment. His vital signs, taken just before, were within the normal ranges and he said his pain is 2 out of 10. The urology team saw him this morning and they were considering taking him to the operating theatre this afternoon. That's why he's nil by mouth. I discontinued his intravenous fluid because he wanted to have a shower while the pain was gone.

By the way, all the paperwork for surgery has been completed just in case he goes to the operating theatre this morning but I haven't heard anything from them yet.

Melissa: You're very organized, Sarah. I don't need to worry about the paperwork then.

Sarah: I learned my lesson last time. I didn't think my patient would go to the theatre so quickly. I was going out of my mind preparing the paperwork at the last minute that time so I don't want to experience any incidents like that again.

Melissa: Good on you. Who's next?

Sarah: The next patient is Mr. Andrew Palmer, 7-3. He's an 85 year-old man. He's here with us for a diabetic ulceration on his left foot. He's very independent and always willing to do everything himself. You can see that he's got an old dressing on his foot which needs to be changed. I'll help him take a shower around 10am and then the dressing will be changed after his shower. He and I already discussed the plan during the bedside handover. Just keep an eye on him when he wants to go to the toilet. He'll just need assistance with his walker. The call bell is near him so he'll press the bell when he needs you.

Melissa: Does he need to be isolated for the wound?

Sarah: That's correct. I've kept him in isolation in the room and I'll move him to Room 3 once the room is ready. Jenny in room 3 is about to go home now.

And lastly, Eric in 7-4, is a young man, 17 years old. He had an appendectomy yesterday evening. Poor Eric doesn't want to mobilise at all because of pain. I gave him all sorts of analgesia, as charted, and encouraged him to get out of bed. He's very anxious as his pain might increase when he walks. The abdominal wound looks very clean and well glued. He really needs to walk. Any ideas?

Melissa: Um, I'll try my best with my magical smile. I think he'll co-operate because of the "mother" look I have on my face.

Sarah: Thank you. That's all about my patients.

Melissa: All good. Enjoy your break.

Sarah: Thanks, see you later.

Having a break

Eva:	Hi Sarah. How's your day going?
Sarah:	Not bad but slightly busy. I'm so happy to have my break now. I was starving. I was so embarrassed because my tummy rumbled continuously while helping with Mrs. Rawson's breakfast.
Eva:	Do you usually have breakfast?
Sarah:	Occasionally. I'd rather sleep than get up earlier for breakfast and normally I'm fine. But today is very bizarre.
Eva:	Hmmm, it smells nice. What have you brought? Is it sushi?
Sarah:	It's kind of sushi but different from Japanese sushi. Would you like to try one?
Eva:	May I? My children and I are dying for sushi but it's too expensive to fill our big tummies. Oh thanks!

Wow, it's yummy! Yes, it has a different taste to sushi. I can taste sesame oil and the colours are beautiful. What are those inside?

Sarah: We call it kimbap. It looks like sushi, but I seasoned the cooked rice with sesame oil, sesame seeds and some salt. I didn't add any sugar and vinegar which are essential for Japanese sushi. I also put in eggs and seasoned radish with various vegetables. Of course, all of the ingredients are wrapped in seaweed paper. Just by eating one row of kimbap, I can get all the important nutrients while enjoying a delicious meal. It's the best of both worlds.

Eva: Actually, I tried to make sushi at home but it was a disaster. I had no idea how to keep the sticky rice under control. I kept wetting my hands with water, which caused all the ingredients to get soggy. It was much worse than how I'm describing it now. I found the recipe on YouTube and it looked very easy to follow.

Sarah: Eva, you should have some Korean cooking classes with me. I'm a good cook, so I can help you if you'd like.

Eva: Really? That sounds awesome. Promise me.

Sarah: Of course, I'll be happy to show you. I'm sure you'll love it. I'll give the last piece of my kimbap to you, Eva.

Eva: That's very kind of you. I feel sorry but I can't resist.

Drug administration

**"Let us never consider ourselves finished nurses···
we must be learning all of our lives."**

– Florence Nightingale

Sarah:	Good afternoon, Mr. Green. My name is Sarah and I'll be looking after you this afternoon. How are you today?
Steve:	Good afternoon, Sarah. I'm fine. You can call me Steve. I feel like I'm in trouble when people call me Mr.
Sarah:	Okay, Steve. I can see your antibiotic injection is due soon.
Steve:	You're right. Jimmy, the morning nurse, told me that. It'll be around 3:30pm, won't it?
Sarah:	You know very well Steve. I'm going to say hello to all of my other patients and I'll come back to you with your medications at 3:30pm. How about that?
Steve:	Sounds like a plan. See you then. I won't go anywhere.
Sarah:	Thanks Steve. What about your pain? Would you like to have some analgesia?
Steve:	Jimmy already gave me some pills at lunchtime and they're working for me. I'll be alright.
Sarah:	That's all good. I'll see you soon.
	(with IVAB)
Sarah:	Hi Steve, I'm back with your medication.
Steve:	Oh, you're back. I've been a good boy.

Sarah: You certainly have. Steve, I'm going to give you this antibiotic, called Augmentin through your intravenous cannula. As you know we've given you this antibiotic every 8 hours for your chest infection. I think this antibiotic has been working for you and the medical team is considering changing it to an oral antibiotic tablet. Do you have any questions before I give you the medication?

Steve: No, it's clear as crystal.

Sarah: Can you please tell me your full name and date of birth?

Steve: I'm Steve Green. I am 65 years old. I was born on the 23rd of June in 1953. I'm a young fellow, aren't I?

Sarah: Yes, you are. Let me check your identity bracelet please. Your name, date of birth and the hospital number······all correct. Steve, are you allergic to anything?

Steve: Not that I know of. Is this the same medication that Jimmy gave me this morning?

Sarah: Yes, it is. How were you when he gave you this medication?

Steve: There was no problem with me.

Sarah: Great. I'm going to flush your intravenous cannula with some normal saline before administering this antibiotic to make sure your cannula is patent and then this injection will be given followed by another normal saline flush to wash out the cannula at the end.

Steve: Go ahead, I'm all yours.

Sarah: Just let me know if you have any pain or discomfort in the process⋯ Everything's been done now. How did you find it?

Steve: It was good. You're very thorough.

Sarah: Thanks, Steve. I'll come back to check your vital signs within 30 minutes. But if you need me before then, just use your call bell.

Steve: I don't want to bother you anymore. Thanks Sarah.

In an emergency situation in a public area

Sandra:	Hello, are you okay? Can you hear me, sir? Hello? Open your eyes! Oh my! He's not responsive. Excuse me, over there. What's your name?
Peter:	Oh, I'm Peter.
Sandra:	Alright Peter, do you have a phone with you?
Peter:	Yes, I do.

Sandra: Please call 111 for an ambulance and tell them there's a collapsed man here in the food court at the Plaza. After that, please come back and notify me. Can you do that for me?

Peter: Of course. I'm calling 111 now and I'll come back to you.

Sandra: Thank you, Peter. Excuse me, in the blue shirt. What's your name?

Mike: I'm Mike.

Sandra: Mike, can you go to the front desk and ask if they have a defibrillator and if they do, bring it to me as soon as possible.

Mike: Got it.

Sandra: Thank you. Is there anyone who can do CPR with me?

Peter: I can do it and the ambulance is on its way.

Sandra: Great. He's not breathing at all. I'm going to start thirty chest compressions followed by two breaths. After two cycles can you take over?

Peter: Sure.

Sandra: Thanks. One, two, three······thirty and two breaths······one, two, three······two breaths···.

Speaking up for safety

Jenny:	Hey Sue, are you looking after Margaret in Room 8-3? She looks quite unwell.
Sue:	Yes, she's my patient. I saw her 10 minutes ago and she was the same as before. Her pain score is always high. You know she's a very anxious lady.
Jenny:	I looked after her for the last two evenings and she wasn't like that. Could we just check to see whether she's fine?
Sue:	Come on, Jenny. I know her and I told you I saw her 10 minutes ago. She was fine. I guess you're not that busy, considering you have time to worry about unnecessary things.
Jenny:	I'm busy, Sue, but I'm worried because she seems to be getting worse.
Sue:	Jenny, I'll see her after I finish admitting my new patient. Also, I've looked after many patients like her while working in this surgical ward for ten years. I know what I'm doing.

Jenny: Look, I'm very concerned about this. I know I might be wrong and you've had a range of experiences in this ward but I think we should stop and make sure she's okay. This is the safest way to go by.

Sue: I appreciate your help but I'm really busy. You're not her nurse but I am. You go and care for your own patients, not others'.

Jenny: I know you disagree with me but if she was my mother, I would not hesitate to call for help. If you don't listen, I'll report this to the charge nurse.

"Being a nurse is weird: I can keep a poker face through trauma, but I have a mental breakdown over losing my favorite pen."

– Anonymous

Checking vital signs

"The meaning of life is to find your gift. The purpose
of life is to give it away."

– Shakespeare

Samantha:	Good morning Tim. Did you have a good sleep?
Tim:	Good morning, Sam. I slept like a baby thanks to Sandie, the night nurse. She gave me these ear plugs so I wasn't bothered by the snoring of my neighbor. What a lifesaver she was.
Samantha:	I'm glad to hear you had a good sleep. Do you mind if I take your vital signs now?
Tim:	No, I don't mind. I guarantee my blood pressure will be a lot better than yesterday.
Samantha:	Let's take a look. I'm going to wrap your arm with this cuff which will be blowing up a little bit tightly. I am going to put this oximeter on your finger.
Tim:	Sure. Oh, it is quite tight.
Samantha:	Do you think it's tighter than usual?
Tim:	No, no, it's just fine.
Samantha:	It won't take long. Here it comes. Your blood pressure is 125 over 75 mmHg. Pulse rate is 86 per minute. They're both within the normal ranges. Your oxygen saturation is 93 percent. Tim, can you sit right up and take several deep breaths for me please?
Tim:	Okay. (taking three deep breaths) How's that?
Samantha:	You've done very well. Can you see the saturation number? It's now 98 percent.

Tim:	What does that mean? Is it good to have higher numbers?
Samantha:	This oximeter shows the percentage of oxygen in your blood. For a healthy person, more than 95 percent is normal but some conditions can impact on the saturation. For example, if you're in pain or if you lie down flat, your lungs don't expand properly so your body might not get enough oxygen. If so, this small machine will give you lower numbers. But we can fix this problem by sitting straight up and doing some chest exercises such as taking several deep breaths, coughing or walking. If there's no improvement with these exercises, we would definitely need to figure out the reasons.
Tim:	I didn't know this machine was that useful. What a clever little one it is.
Samantha:	I've got a tympanic thermometer to check your temperature. Can you turn your ear towards me, please? Thanks. It's 36.8 degrees Celsius which is very normal.
Tim:	I thought I was febrile.
Samantha:	Do you feel unwell? Feeling hot or sweaty?
Tim:	I was joking, Sam. I'm inspired by this clever little machine.
Samantha:	(laughing) I'm always serious about my patients' conditions, Mr. Thomas. How's your pain going? Can you describe your pain using numbers from zero to

ten? If it is at zero, you have no pain, but the number ten represents the worst pain you've ever had.

Tim: Ummm, it's none when I'm resting but would be two out of ten when coughing or moving.

Samantha: Good. Any nausea at the moment?

Tim: No, it's vanished completely.

Samantha: That's good. How are your bowel movements?

Tim: I have regular bowel habits so they don't worry me.

Samantha: All your vital signs look good. I'll come back with your morning medications within 30 minutes. Also, breakfast is on the way. Would you like to have a face wash? I can grab warm flannels for you if you'd like.

Tim: That'd be great, thanks a lot.

Samantha: Is there anything you want me to do before I leave you?

Tim: I'll be alright. Thank you.

Admission assessment

"The best way to find yourself is to lose yourself in the service of others."

– Mahatma Gandhi

Ruby: Hello, Mr. Sebastien. I'm Ruby and I'll be your nurse today. How are you this morning?

Jimmy: Hi, Ruby. I'm Jimmy. I'm finally here. I was so tired waiting for a bed in the emergency department. It took ages to come up here. I was knackered.

Ruby: I'm sorry to hear that. You must be very tired. The emergency department wouldn't be a good place to stay overnight.

Jimmy: Exactly. It was horrible.

Ruby: There are many patients in ED who need urgent care 24/7 and a lot of things are happening down there. I can imagine how overwhelmed and exhausted the people would be. But, you're here now. Jimmy, I'd like to do some paperwork with you for your admission, if it's fine with you.

Jimmy: The nurses and the doctors in ED already asked me a lot of questions. I answered the same things repeatedly. Are you going to ask me the same questions?

Ruby: Hopefully not. It'd be very annoying if someone asked you the same questions again and again, but think about it this way. In hospital there are numerous patients who have the same names and dates of birth. Although we ask and check their details repeatedly to avoid any mix-ups, there are still risks of incidents.

Jimmy: I agree with you. They wouldn't ask the same things continually to bother me but to ensure my safety. Sorry for being negative.

Ruby: Don't be sorry. We do understand your concern. Now, can I ask you some questions for your admission?

Jimmy: You certainly can.

Ruby: Alright. From the basic stuff, can you please tell me your full name and date of birth?

Jimmy: Jimmy Sebastien. 24th of December 1978. I'm a banker at CITIBank.

Ruby: I was going to ask about your job, but you already gave me the answer. Thanks.
You were born on Christmas Eve? You must be the lucky one receiving many gifts for Christmas and for your birthday.

Jimmy: Yes, I've been spoiled with many gifts because of my birthday.

Ruby: I wish I had a special birthday. Who do you live with?

Jimmy: I live with my partner and my three kids: 12-year-old boy and two girls, and two furry companions. I mean a dog and a cat.

Ruby: You've got a big family. Do you think your partner should be the first contact person for you? If so, please give me her contact details.

Jimmy: You can put my partner, Sally Smith as my first

contact person. She's a social worker in this hospital. Her mobile number is 012 345 6789. She'll come back after dropping our children off at school.

Ruby: Sally Smith? I know her. She works in the women's surgical ward, doesn't she?

Jimmy: You're right. She's worked there for ten years now so I should behave well.

Ruby: Don't worry about that. Do you have an alternative contact person just in case we can't get hold of Sally?

Jimmy: My brother, John. He lives in town so he'll be the one for me. His phone number is 021···hang on a minute. I used to remember phone numbers very well but not anymore with this smartphone. Here it is. It's 021 987 45612.

Ruby: Got it. What made you come to the hospital?

Jimmy: Well, I've been sick since last Friday. I thought it was just indigestion because I had a big meal with my friends and I became sick after that. Also, Sally and I were quite busy with our youngest daughter's birthday party on Saturday. I wasn't well with the constant sick feeling and the pain on my right upper side. Overnight, I vomited twice and the pain got worse. I was worried I might have a tummy bug which could transfer to my family. That was why I ended up in ED yesterday. But they found several stones in my gallbladder which need to be taken out today.

Ruby: I can see you had a tough weekend. Have you had

any past medical history?

Jimmy: No, I'm generally healthy. It's my first time being admitted to hospital. I'm kind of upset about the fact I'm getting old.

Ruby: I understand but I think you're blessed having had good health so far.

Jimmy: You're right, I shouldn't say that.

Ruby: Could you describe your pain?

Jimmy: The pain's gone now because the ED nurse gave me an injection called⋯morphine?

Ruby: It was morphine. It's written on your drug chart.

Jimmy: Thanks to the injection, I don't have pain now but it'll come back. It was very sharp and there was constant pain on the right side of my stomach. Actually, I can't breathe well when the pain returns. It really scares me.

Ruby: I don't want you to have the horrible pain again so analgesic medications will be given regularly. Can you tell me about your bowel habits and water works?

Jimmy: I usually go to the toilet for a bowel movement early in the morning and there's no problem with the water works at all. But the nurse in ED told me not to eat anything except for sips of water and some ice cubes. I haven't had a bowel movement while in ED, but I peed twice.

Ruby:	As you know you'll have surgery today, so we need to keep you basically nil by mouth. But you can have sips of water and some ice and I'm going to commence some intravenous fluid. Thank you for answering my questions. Would you like to wear the hospital gown?
Jimmy:	May I go and take a shower before you give me the intravenous fluid? I can smell myself.
Ruby:	Not a problem. Let me check your vital signs and weight before letting you go. I'll get some clean laundry for you.
Jimmy:	Thank you and I'd like to wear my own pajamas rather than the hospital gown. I don't want to be like a real patient.
Ruby:	Nothing major, Jimmy. But you would need to change into the hospital gown before surgery.
Jimmy:	Sure, I will.

Assessment before surgery

Ruby: Jimmy, I've just received a phone call from the operating theatre. Your surgery's booked for one o'clock.

Jimmy: That's scary, but the thing needs to be done as soon as possible.

Ruby: I know you already signed the consent form for surgery in ED. However, it's very important that you fully understand what's going to happen. If you have any doubt or questions, we can help you. What do you think?

Jimmy: No, I'll be alright. The doctor in ED explained clearly yesterday and I met the consultant this morning. What was his name? He was an Indian doctor. Oh, Mr. Kumar. He cleared everything up for me, too.

Ruby: That sounds good. We've got some brochures about gallstones. Would you like to have those?

Jimmy: They were given to me by the ED nurse. Are they the ones you're talking about?

Ruby: Yes, those are them. Please don't hesitate to ask questions or for help if you need it. You have the right to be fully informed about the treatment you receive in hospital.

Jimmy: Thanks. Can you call my partner when I come back to the ward after surgery? She won't be able to be with me because of our children.

Ruby: Of course, I can let her know when you come back from recovery. At handover, I'll also let the next nurse, Mary, know about this so she can phone your partner just in case you come back after my shift. How about that?

Jimmy: Fantastic. Thanks a lot.

Ruby: For your surgery, I'm going to ask you some more questions and do skin tests with two different solutions. This one is called iodine and the other one is chlorhexidine. The surgeons will use one of these solutions to clean the operation site to prevent possible infection from your skin so I'm going to apply a little bit of these liquids on your forearms separately. They may feel cold but please let me know if there's any stinging, soreness, itchiness or any other discomfort. Before the test, do you have any allergies?

Jimmy: I don't have any allergies.

Ruby: Good, let's get started. I know who you are, but can you confirm your full name and your date of birth again?

Jimmy: My full name is Jimmy Sebastian. My birthday is the 24th of December 1978, as you know.

Ruby: Let me see your identity bracelet. What about those spellings? Are they all correct?

Jimmy: Yes, everything's correct.

Ruby: When was the last time you ate and drank?

Jimmy: I had a piece of cake with some fried chips during my daughter's birthday which was last Saturday. Then I got sick, and I ended up in ED. Since then, I haven't had any solid food but I had some sips of water and half a cup of ice cubes in ED and in this ward. I finished the last ice cube just before.

Ruby: That is all good. You may have some more ice cubes or water until two hours prior to the surgery.

Jimmy: Is it important to continue not eating and drinking before surgery?

Ruby: Yes, it's very important. If your stomach isn't emptied properly, you'd have increased risk of vomiting during intubation which might cause aspiration and some respiratory problems. Normally, if you've had some food, your gallbladder excretes bile juice to digest the food. In particular, the bile juice helps with breaking down fats so it will work harder if you eat oily food. For patients with gallstones, they'd experience more pain with oral intake especially when having oily food. This is why we usually keep them nil by mouth.

Jimmy: Wow, I can understand why they told me not to eat or drink. I won't complain anymore. I should've studied biology harder when I was at high school.

Ruby: You'd need a very good memory then. Have you got any jewellery or body piercings?

Jimmy: No, I have none.

Ruby: Any aids such as hearing aids, contact lenses or dentures?

Jimmy: No. I sometimes wear glasses, but I haven't brought them. I was really in a hurry to come to the hospital.

Ruby: You had a shower this morning so I can tick that off on this checklist. You'll need an operation gown for surgery. Here it is. Would you mind changing into this gown after this assessment?

Jimmy: I don't mind.

Ruby: We're almost done. How does the skin test feel?

Jimmy: Oh, I didn't even notice it. I don't think it bothered me at all.

Ruby: Great. I can tick that off as negative. Everything's done. The only thing we need to do is just to wait for a call from the theatre. Is there anything you want me to do for you?

Jimmy: Nothing at the moment. Thanks.

Ruby: Take a rest, Jimmy. Please use your call bell if you need me.

Conversation with a colleague (1)

"Nursing is not for the faint of heart nor the empty of heart."

– Anonymous

Margaret: Let's see what's next. Um, it's Mr. Paker's blood sugar monitoring. Ben nursed him yesterday. Oh, here he comes. Hi Ben. How's your new house? I heard you bought a new house recently.

Ben: Hey, Margaret. You're right. Sarah and I bought a 4-bedroom house last month and we're moving in next Monday. We're super excited. We're painting the dining room wall, so I've got this white paint in my hair as a result.

Margaret: Oh, I see. I thought you were becoming grey like me. Good on you for buying a new house at such a young age and I'm sure you and your family will enjoy living there. By the way, were you the nurse for Mr. Paker yesterday? How was he in terms of self-blood glucose monitoring?

Ben: As I wrote in his clinical note, he was brilliant doing it himself. He's got everything with him including a blood glucose meter, lancets, and diabetes information brochures. He was actively engaged in learning and you'll see how independent he is.

Margaret: That sounds terrific. Thanks for telling me about that. I'm going to see him in a minute. Good luck painting your house and take it easy.

Ben: It's almost finished. I have a plan to invite all my colleagues at Christmas so please leave a space on your calendar for us.

Margaret: That's very kind of you. Thanks Ben.

Education for blood sugar monitoring

Margaret:	Knock, knock! Mr. Paker, may I come in?
Mr. Paker:	Come in my nurse, Margaret. This is my wife, Margaret Paker. Margaret, this is my nurse, Margaret.
Mrs. Paker:	Oh, John, we know each other. Stop teasing us.
Margaret:	I love your jokes Mr. Paker. We need some jokes especially in the hospital, don't we?
Mr. Paker:	You see, Margaret? I'm doing good.
Mrs. Paker:	Whatever!
Margaret:	It's so lovely to see both of you. Let's get back to work. How's your blood glucose monitoring going? Ben said you've been doing very well.
Mr. Paker:	What good timing this is. I was just going to check it. It's almost dinner time, isn't it? Ben said I should check my blood sugar before meals, 2 hours after meals and before sleep. Is that correct?

Margaret:	Yes, that's correct. Could you show me how you're going to do it?
Mr. Paker:	Certainly. Let me use the instruction sheet because my nurse is testing me.
Margaret:	You're very organized. Please relax because I'm not testing you but just observing.
Mr. Paker:	I've got this little machine, lancet and some gauze. I washed my hands just before you came here, didn't I, Margaret? She's my witness.
Mrs. Paker:	Yes, he did wash his hands using soap and he didn't touch anything after.
Mr. Paker:	I am going to insert this small strip into the machine and it's ready. And I'm going to remove the tip of the lancet and adjust the length of the needle so I don't prick my finger too deep. Let's choose the middle finger this time. (Prick sound). Squeeze this finger to get a drop of blood and wipe it off. Squeeze my finger again for a test and then touch the tip of the strip with my blood. It'll show its result soon. Here it goes. My result is 5.5 mmols which is within the normal range. I'm discarding this lancet into a puncture-resistant sharps container.
Margaret:	Wow, everything you've done is correct and thorough. I'd like to ask you one question if you don't mind.
Mr. Paker:	I told you that you're testing me. I don't mind. Ask me anything except for about my ex-girlfriends, otherwise my wife, Margaret would pinch me.

Mrs. Paker:	Stop it, John. (laughing)
Margaret:	Oh, I didn't mean to but I guess I'm testing you. To be honest I don't want to dig into your past at all. Keep it safely hidden. Can you please tell me why you need to wash your hands before checking your blood sugar?
Mr. Paker:	Ah-ha, I know that. It's for preventing any false results. For example, if I just had a chocolate cookie, I might have some sugar on my fingers, and it might impact on my glucose result such as showing us a false result. It was actually written on the information brochure and Ben already asked me the same question yesterday. It's not cheating, is it?
Margaret:	You've answered excellently. It wasn't cheating at all. Mr. Paker, you showed me how to check your blood glucose concisely following the instructions and you also knew the normal range of blood glucose which impressed me a lot. How confident do you feel in terms of checking your blood sugar yourself without us?
Mr. Paker:	I'm confident doing it myself and I'll call for help when I come across any problems.
Margaret:	That's great. I'd like to give you more information and education about hypoglycemia and how to deal with it when you experience low blood glucose. I'll do that tomorrow. How about that?
Mr. Paker:	Sounds great. But can you give me the brochure today? I like reading.

Margaret:	Of course. I'm very happy to bring those to you but please take it easy. Living with diabetes will be a lifelong journey, as you know. Before I leave you now, I'd like to give you a mark of 100 out of 100 for this test. It was perfect.
Mr. Paker:	I'm looking forward to having another test tomorrow. Thanks Margaret.

"If a nurse declines to do these kinds of things for her patient, 'because it is not her business', I should say that nursing was not her calling."

– Florence Nightingale

Indwelling catheter removal

"A nurse is not what you do. It is what you are...
I am a nurse. It's not what I do, it's what I AM."

– Anonymous

Sandra: Good morning, Marie. Did you have a good sleep?

Marie: Morning Sandra. Yes, I had a good one. I used to wake up several times to go to the toilet while sleeping at home, but I slept really well last night. With this urinary catheter, I didn't need to wake up to go to the toilet.

Sandra: Glad to hear that you slept well. Do you remember what we discussed yesterday when the gynecology team came to you?

Marie: Um···do you mean removing this catheter?

Sandra: Exactly. As we discussed, I'm going to remove your catheter soon, if you don't mind.
This catheter was supposed to be removed yesterday. However, you were not fully recovered from the anesthesia and you felt quite dizzy when you tried to get up, didn't you?

Marie: Yes. I was not myself yesterday and I was quite sick and dizzy. My tummy pain wasn't bad but the nausea. Thank God, I'm much better now.

Sandra: Excellent. Before taking the catheter out, I need to make sure you can walk to the toilet. That's because you should go to the toilet as soon as the catheter comes out. It was written on your clinical note that you went to the toilet independently last night.

Marie: Yep, I walked slowly around the ward several times yesterday evening and I went to the toilet for a bowel movement this morning as well.

Sandra:	You did a good job. Well done. I think there's no problem at all. Shall we do it now?
Marie:	Sure. Please tell me what I have to do.
Sandra:	It'll be very important to make sure your waterworks are going back to normal after removing the catheter. Before I remove the tube, I am going to fill your bladder with 300 mls of warm sodium chloride and I'll ask you to urinate immediately in the toilet.
Marie:	Do I have to measure the amount when passing urine?
Sandra:	That's right. You need to use a urinary bowl so I can measure the amount of urine you pass.
Marie:	It seems like quite a job.
Sandra:	Don't get stressed, Marie. I'll go through it with you. Do you mind doing it now?
Marie:	I don't mind.
Sandra:	Thank you. First of all, I'll remove the water inflating the balloon of the catheter after instilling some normal saline into your bladder and I'll slowly pull the catheter out while you breathe in and out. You may feel discomfort because the deflated balloon can irritate your urethra all the way through until it comes out, but it won't take long. These are the bowls for you.
Marie:	So, I need to use those ones to measure whenever I

go to the toilet?

Sandra: Yes, and after the second voiding, I will scan your bladder immediately so we can clearly see how much urine is left in the bladder. If the residual urine is about 50 percent of the voided volume or less than 200mls each time without any other issues, then you can be discharged. But in the meantime, you should drink enough fluid which is about 2 litres by lunch time.

Marie: I can do that. I used to drink quite a lot of water.

Sandra: Great. Just give me two seconds and I will be back with everything we need.

Marie: No problem.

(a few minutes later)

Sandra: Marie, are you there? Oh, where is she?

Marie: Sandra, I'm coming. Sorry I just went to fill my water jug. You said I need to drink 2 litres of water by noon.

Sandra: Thank you. I was going to get a water jug for you.

Marie: Right, what do you want me to do now?

Sandra: Can you please lie on your bed while I'm drawing the curtain for you? Don't rush, please. Do you have any concerns regarding this procedure or is there anything I need to be aware of before starting?

Marie: Nope. I'm good to go.

Sandra:	Cool. Let me just raise your bed up for my benefit so I won't get any back pain or strain. I think that height is enough for me. Are you comfortable now?
Marie:	Yes, I'm good.
Sandra:	I'm going to wash my hands and put on gloves. Can you please lift your bottom up for me? I'm just tucking this waterproof sheet under your backside. Right, please bend your knees so I can put this drape over for your privacy. That's good, Thanks. I'm going to take the stat lock off gently. I mean the device which is securing your catheter. If it's painful I can use a remover to take it off easily without pain.
Marie:	No, it's not hurting. I'm quite used to leg waxing so this is nothing for me.
Sandra:	That's good then. I'm going to insert 300 mls of sodium chloride through your catheter. This saline is lukewarm so you won't feel cold all of a sudden. I'm slowly instilling the saline now. How do you feel?
Marie:	I'm feeling···I want to go to the loo now.
Sandra:	Almost done. I'm deflating the balloon now and pulling the catheter out gently······here we go. All done. The catheter's out now.
Marie:	Oh, that felt very awkward but it needed to be done.
Sandra:	Indeed. The longer you have a catheter in, the more chance of getting a catheter related infection. You've done well. I'm just tidying up.

Marie:	Do you want me to go to the toilet now?
Sandra:	Yes, please but don't hurry. I'm lowering down your bed so you don't need to hop down from the bed.
Marie:	Phew, I'm busting now. I'll press the call bell once I come back. Where do you want me to put the bowl after?
Sandra:	I'll come to the toilet when you press the call bell. Don't worry. See you soon.

Bladder scan

Susan:	Excuse me.
Peter:	Hi. How can I help you?
Susan:	I'm Susan. My mum is Catherine Reid and she's in Room 5. I'm wondering who's my mum's nurse this afternoon. I'd like to talk to the nurse about her.
Peter:	Let me just check······it's Kate. She'll be looking after her but she's gone to Recovery to pick up another patient. I think she won't be far away though. By the way, my name's Peter. I'm in charge. Is there anything I can help you with?
Susan:	That's so kind of you. I'm concerned that my mum hasn't been to the toilet for a long time. I was in ED with her last night but she hasn't been to the toilet to pee yet. I asked her several times whether she wanted to go to the toilet but she kept saying she was fine. We had a similar situation when she was admitted to the medical ward last time when she had a chest infection. Her bladder was very full but she didn't feel it at all so she ended up having a urinary

tube. That's why I'm so worried that she might be in the same situation.

Peter: Oh, that sounds like we need to do something for her. It'd be better to see her now before Kate comes back. Thank you for telling me that. Just give me a few seconds please to review her ED note quickly and I'll be there shortly.

Susan: Thank you so much. I desperately need a strong coffee now so may I just pop down to the café? I'll come back within ten minutes. I already told my mum.

Peter: No worries, Take your time, Susan. I reckon we really need strong caffeine from time to time. Just enjoy your coffee and I'll see you later.

Susan: Thanks. I'll be back soon.

Peter: Good afternoon, Mrs. Reid. This is Peter. I'm the charge nurse. May I come in please?

Catherine: Who's talking to me?

Peter: Catherine, how are you?

Catherine: Sorry I can't hear you well. Can you pass me my hearing aids from the drawer?

Peter: Here they are. Better?

Catherine: Ah-ha, much better. Right, what was your name again?

Peter:	I'm Peter Clark. I'm the charge nurse in this ward. I met your daughter just before and she's quite worried that you haven't been to the toilet yet.
Catherine:	Susan? She's my youngest baby. I have five children including four boys and one girl. All of my kids are in the UK except for Susan, and she's been looking after me all the time.
Peter:	I could see how much she cares about you. Good to have a girl, isn't it?
Catherine:	Oh, yes, most definitely. She's the most wonderful masterpiece that my hubby and I ever made.
Peter:	It's very heartwarming to hear that. By the way Catherine, do you not have any feeling like you want to go to the loo or you're busting?
Catherine:	Well, no, I don't. I'm fine.
Peter:	Can you tell me, when was the last time you went to the loo?
Catherine:	Let me think……I went to the loo when I was in ED, didn't I? Oh, you said Susan told you that I didn't go, didn't you? Then she'd be right. She knows everything about me.
Peter:	I reckon. Catherine, I'd like to know how much urine you have in your bladder now. If you don't mind, I'm going to scan your abdomen using a scanner which can show us the volume of urine in your bladder.

Catherine: I know what you're talking about. Last time, the nurse in the medical ward did it for me. She was really hilarious. What she said to me was that she was checking whether it was a boy or girl in my belly. She couldn't find anything but my bladder was full of water. Are you going to do the same thing?

Peter: You remember very well. You're right. It's similar to the way to check babies in their mother's womb, but we'll check your bladder this time. Can you tell me more about the scanner?

Catherine: She spread something like gel on my belly and moved the handle around and told me I had a full bladder and needed a catheter put in.

Peter: This is what I was going to explain to you but you remembered it very clearly. Will you let me scan your bladder?

Catherine: Of course. Tell me whether it's a boy or a girl. I'd rather have another girl like Susan.

Peter: If I find something, I'll let you know. Please wait a second for me then I'll be back with the bladder scanner.

Peter: Catherine, it's me, Peter again. I've brought the scanner here with me. Oh, Susan, you're back. Mmm, smells nice. Coffee from the café is quite nice.

Susan: Yes, it is. I'm at peace now. So relaxed.

Peter: You deserve it. Right, let me draw the curtain. Susan,

I think it will be a good idea to scan Catherine's bladder and I already had a talk with your mum. What do you think?

Susan: That'll be awesome. Mum, do you want me to be with you or leave you alone while Peter scans you?

Catherine: I'll be alright. You go to the lounge and have your coffee. Don't worry about me.

Susan: Okay mum. I'll be in the lounge, and I'll come back after finishing my coffee. Thank you, Peter.

Peter: Not a problem. Catherine, please lie back so I can make your bed flat and I'm going to lift your bed up for my back so I don't need to bend too much. Are you comfortable enough with this position?

Catherine: Yes. I am.

Peter: Right, just give me a second to clean my hands and put on clean gloves. Now, in order to scan it, your belly needs to be exposed. Would that be alright for you?

Catherine: That'll be no problem. Hang on a second. I'm lying on my dressing gown. Here we go. Whew.

Peter: Thanks. Let me cover your pubic area and below with a towel. It's for your privacy and to prevent your beautiful trousers from being wet by this gel. I'm going to place this probe which has this gel on it and move it around on your lower suprapubic area. I mean on your lower abdomen. Your bladder is located below this area. You may feel cold when I put this probe on your skin because of this gel. How does that feel?

Catherine: Not bad. Go ahead.

Peter: Let's see how much urine you've got. Um···the volume's quite large. It shows me that it's more than one litre. Let me scan it again just to rule out any misreading. It's the same as before. Let me palpitate your abdomen. I can feel something quite hard which I think is your distended bladder. Catherine, do you have any discomfort or a strong urge to pee now, while I am palpitating your abdomen with pressure?

Catherine: Not really. You're thinking I should have the tube, aren't you?

Peter: Yes, I am. But, before inserting the catheter, I'd like to suggest that you go to the toilet. You may sit on the toilet and try to pass urine. In the meantime, I will have a talk with your doctor. If there's nothing coming out, even though you try to void, I'll do the catheter insertion. How about that?

Catherine: Um, sounds like a plan.

Peter: Okay. Let's wipe the gel off. Does that feel clean enough?

Catherine: Yes, you did a good job.

Peter: Do you know how frequently you go to the toilet to pass urine at home?

Catherine:	Oh, that's a tricky question. I've never thought about that kind of stuff but throughout my life I've gone to the toilet every morning as part of my routine and again before lunch and··· it'd be more than four times a day. (laugh). When I have several cups of tea with my friends I'd go more frequently which is very annoying. We have a regular morning tea, so they come to my place every Tuesday and I go to theirs every Friday. We do look after each other.
Peter:	You've got a wonderful social life. I'm unsure whether I'll have that kind of social life when I become your age. Wow, it's just great. Back to work, normally people would pass about 1.5 litres of urine a day and each time they go to the toilet they pass between 200 and 500 mls which means they go to the toilet six to eight times a day. However, there are many factors which can impact on these patterns such as age, gender, amount of drink or food, emotional status, health conditions and so on. Based on what you've told me, you seem to have no major issues in terms of your water works, except for the last admission.
Catherine:	I reckon.
Susan:	Hi, mum. Can I come in? Thing's going well?
Peter:	Welcome back, Susan. Your mother has urinary retention, as you suspected, and she'll need a urinary catheter inserted soon.
Susan:	I hoped my thought was wrong.
Peter:	Before doing anything, can you help her to go to the

toilet? I would like to see whether she's able to void or not. If she's able to, she might not need to have the catheter. In the meantime, I'll have a talk with her doctor to discuss her urinary retention and suggest to him a urinary catheter insertion. Would you be happy to take her to the toilet?

Susan: Of course I can do that.

Peter: Good, I'll come back to you after seeing the doctor.

Susan: Thanks a lot.

"Sometimes I have to remind myself around my non-nurse friends not to talk about bodily functions."

– Anonymous

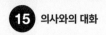

Conversation
with a house officer

(Telephone sound -ring, ring)

Ward Clerk: Good morning, Ward 8. Ward clerk, Jane speaking. How can I help you?

Ben: Good morning, Jane. This is Ben speaking. I'm a surgical house officer. Can I talk to the charge nurse, Peter, please? He paged me just before.

Jane: You're right. He's just sitting here and staring at me now. One moment.

Peter: Thanks, Jane. Hi, Ben. How're you?

Ben: Steady busy but not bad. How about you?

Peter: I'm pretty alright, thanks. Do you know Mrs. Catherine Reid? She's been admitted this morning from ED for her right arm infection because of cat bites.

Ben: Yes, I know her. She's in Room 5, isn't she? Can you just tell me her NHI number for sure?

Peter:	Of course. It's Alpha, Charlie, Tango 456. Her name is Catherine Reid and she's 75 years old.
Ben:	Thank you. How can I help her?
Peter:	She's here with her daughter who was concerned about her mother's urinary retention and had me scan her bladder. As a result, I found she has more than a litre of urine in her bladder, but she hasn't felt anything. I mean she doesn't feel any urgency or desire to void at all. She had a similar episode during her last admission for a chest infection which was last year. According to her, she usually passes urine four times a day or more and she hasn't had any problems in her water works at home. However, she hasn't been to the toilet since last night and it's almost midday. I think she'll need an indwelling catheter insertion as soon as possible. I suggested that she go to the toilet and try to pass urine while I'm discussing this with you. What do you think?
Ben:	I agree with you. She's definitely got urinary retention with a large volume. Can you please insert a Foley catheter now? I'm quite busy at the moment in Ward 5 but I think I can assess her within one hour. Is it okay for you?
Peter:	That won't be a problem for me. I'm going to chase her up about whether she passed urine and if not, I'll insert the catheter. I'll talk to Catherine and Susan about what we've discussed and tell them you'll see Catherine within one hour. I'll also send a urine sample if her urinalysis result is abnormal.

Ben:	Thanks, Peter. Before you hang up the phone, can you find RN Amitha? I just received another page from her while we were talking.
Peter:	Sure, she's in the queue now. Thanks, Ben. Hang on a second. Amitha is right next to me. It's your turn, Amitha.
Amitha:	Hi, Ben. This is Amitha. Thank you for replying so quickly.
Ben:	Hi, Amitha. What's up?
Amitha:	It's not urgent. One of my patients will need a new IV cannula for IV antibiotics. He is Mr. John Smith in Room 12-1. I texted you his NHI number and other details through your pager. Can you find the details?
Ben:	Yes, Mr. John Smith. His NHI number is MTU996, isn't it?
Amitha:	That's him. The current IVC was tissued so I had to remove it. His next IV antibiotics is due at 2:30pm. When you cannulate a new one, can you use a bigger cannula than 21 gauge because he's on the list for a CT scan tomorrow. They usually request that we insert a bigger gauge of IV cannula for CT contrast administration. He'll also need another IV fluid charted as he is still nil by mouth.
Ben:	I can do those. Amitha, I can't be there right now but within an hour. Is that okay for him?
Amitha:	That's no problem. He's taking a shower now and

he's enjoying being free from the attachments. I don't want to interrupt his free moment.

Ben: That sounds good. Is that all from you?

Amitha: Yes, that's all from me so far but if I page you again, please forgive me.

Ben: I will. See you later then. Bye.

Amitha: Bye.

"Thank you, Nurses! Because of you, we live in a happier, healthier world."

– Anonymous

소변줄 삽입

Female IDC insertion

Peter:	Catherine, any luck?
Catherine:	Nothing yet.
Peter:	That's not good, I discussed your situation with Ben. He's the surgical house officer who's looking after you. He agreed that you'll need a urinary catheter. He's quite busy downstairs, but he'll see you within an hour. Are you happy with that?
Catherine:	Yes, I don't want to make any trouble. Do you want me to go back to my bed?
Peter:	That'd be great. Do you need a hand?
Catherine:	No, I'll be alright. My legs are still working fine but my right arm has a problem. Susan is helping me.
Peter:	Take your time. Ah, one more thing, would it be ok

64

with you if I do the catheter insertion for you?

Catherine: Is my nurse back? Don't get me wrong but I'd be more comfortable with a female nurse.

Peter: That absolutely makes sense and I'll send her to you as soon as possible.

Catherine: Thank you so much Peter. Am I meeting her in my room?

Peter: Yes. She'll be there shortly.

Kate: Knock, knock··· Hi, Catherine. This is Kate. May I come in?

Catherine: Sure come in. We're waiting for you.

Kate: Sorry for taking a bit long. Before we do anything, I'd like to check your ID. Can you please tell me your full name and your date of birth?

Catherine: I'm Catherine Reid and I was born 5th of October 1945.

Kate: Thank you and your national health number is ATC456. Good! I heard you need an urgent urinary catheter insertion. Is that correct?

Catherine: That's right. Peter said so and the scan showed my bladder is full but I don't feel that.

Kate: Thanks for confirming that for me. Do you have any allergies? I'm going to use gloves containing latex and antiseptic solution. These can cause allergic reactions for some patients.

Catherine: No, I don't have any allergies at all.

Kate: That's good. And it's your second time to have a catheter, isn't it? Can you tell me if you remember how the procedure went?

Catherine: Um··· it wasn't bad but it wasn't pleasant either. My nurse cleaned my genital area and inserted a small tube while I was lying down on my bed, and she connected the tube to a bag. I had to carry it for two days and it drained my urine.

Kate: That's right. I'm going to do the same procedure. It's an invasive and sterile procedure and your private body parts need to be exposed during the procedure. Therefore, I need to make sure you are comfortable with me. Your daughter can be with you if you would like. Also, is there anything I should be aware of for your privacy or any cultural needs before the procedure?

Catherine: I think I will be fine with you. I don't want Susan watching me. She'd think the same if this was her. Wouldn't you, Susan?

Susan: Yes, mum. I'll be outside the room. I'll shut the door for you, mum.

Kate: Thanks, Susan. Right, let's get started. Catherine, can you please take your undies off and lie on your back for me?

Catherine:	Sure.
Kate:	Thank you. I'm going to cover your abdomen with a towel while I open all the packages and clean the area.
Catherine:	Good.
Kate:	After cleaning your genital area, I'm going to insert a flexible catheter. You might feel uncomfortable while the tube is going in and I'll inflate the balloon which is at the tip of the catheter with some water. The balloon inside your bladder will anchor the tube so it won't pull out and then I'll connect the tube to a drainage bag. Then everything will be done and dusted.
Catherine:	It sounds very easy. I'm ready.
Kate:	I'm ready too. Please lift your hips so I can spread a waterproof sheet underneath otherwise the bed sheet might be soiled. All good, thanks. Now bend your knees and spread your legs apart, please. I'm cleaning the area with warm water and then I'll dry it. Is the temperature okay for you?
Catherine:	Yes, it's warm enough.
Kate:	Good, all cleaned and dried. Let me wash my hands again and then put on these sterile gloves for the actual procedure.
Catherine:	You should have some good moisturiser for your hands.

Kate: I have some but it won't stay on my hands long as we have to wash with water or rub with an alcohol gel numerous times, but I don't mind. Right, I'm going to place this drape in between your legs to maintain a sterile field and only expose your genital area. Here goes. I am going to clean the area several times again with antiseptic solution. It's not too cold for you, is it?

Catherine: No, it's fine.

Kate: Good. Now I'm going to insert a lubricated catheter. You might feel uncomfortable.

Catherine: Go ahead.

Kate: That's it. I found the correct path. The urine is coming out well. I'm inflating the balloon with some water so it can hold the catheter in your bladder. All done. How was that Catherine?

Catherine: Is everything done already? That was so quick.

Kate: Thanks to your cooperation, it could be done so easily. Your bladder is so full so it should be emptied gradually otherwise you might experience some hypovolemic problems. I'm going to clamp the catheter for 30 minutes once it drains about 500mls of urine and then unclamp it after that. Is that alright with you?

Catherine: No problem for me.

Kate: We are going to monitor your catheter and the bag closely and there are few things you should know while you have the catheter. First, I'm going to put this securement device on your thigh to prevent unnecessary catheter pulling which can cause possible tension inside the bladder. Second, the catheter should maintain free drainage without kinking or obstructions. Last but not least, the drainage bag should always be lower than your bladder level but not on the floor so the drained urine in the bag never flows back into your bladder otherwise it can increase the risk of catheter related urinary tract infections.

Catherine: Wow, that's quite complicated to remember. Can you repeat those to my daughter? She must have a better memory than me.

Kate: No worries. I'll explain it to her and give you the information brochure regarding indwelling catheter management. It contains all the things that I explained.

Catherine: That'll be great. Thank you, Kate.

Kate: Not a problem. I'll be back within 30 minutes to unclamp your catheter. Is there anything I can do for you before I leave you?

Catherine: I'm fine and Susan will help me.

Kate: Good. See you within 30 minutes.

Assisting
getting out of bed

"Nursing is one of the Fine Arts: I had almost said the finest of Fine Arts."

– Florence Nightingale

Kate:	Good morning, Margaret. This is Kate. Did you have a good sleep?
Margaret:	Hi, Kate. Yes, I slept well.
Kate:	Breakfast will be here soon. It's almost half past seven. Do you want me to set up your table for breakfast?
Margaret:	That'd be great, thank you.
Kate:	You're very welcome. Right, you need the fresh morning breeze. I'm going to open the window. Would you like to wear your cardigan? Aren't you cold?
Margaret:	No, I'm alright. Opening windows is what I do first in the morning at home.
Kate:	That sounds good. Would you like to have breakfast sitting on the chair or on the bed? I would like to recommend sitting on the chair.
Margaret:	I'll sit on the chair, but can you help me to go to the bathroom first?
Kate:	Not a problem. As you did yesterday, please roll over towards me. With your lower arm, hold the mattress and gently push yourself up with the other arm. In the meantime, I'm going to lift the head of the bed up which will help you sit up easily······and swing your legs over the bed. That's it. Well done. You're going to have a little moment for dangling your legs before standing up. Please dangle your legs gently back and

forth and side to side. How are you feeling so far?

Margaret: I was quite dizzy yesterday but I'm fine now.

Kate: Good. Now I'm going to lower your bed slightly so your feet can touch the ground. Can you please wiggle yourself towards me? That's it. Would you like to use your walking stroller?

Margaret: Yes, please. I feel safe with it.

Kate: Here it is. Please hold the handles with both your hands and put the brakes on. Now you can put your slippers on. Alright, do you feel stable?

Margaret: I'm ready to run.

Kate: (Laughing) It's too early to run but maybe tomorrow? When you're standing, I'm going to lift your bed up at the same time so it can help you stand up easily. Are you ready?

Margaret: Wait a second. I need to come a little bit closer to you. I'm all good to go now.

Kate: Please stand up on your feet slowly while I'm raising your bed up. You're doing very well. Just take a moment before walking. Do you think your legs are stable enough to walk?

Margaret: Yes, they are. Let's go now.

Kate: Take it easy and I'll go with you. Don't forget to take the brakes off······Here we go.

Margaret: Phew, I feel like it's miles away from my bed. But it looks like only taking ten steps for you. Thanks, Kate. I think I can handle it from here.

Kate: I agree with you. Your steps were very stable, and you did manage walking to the bathroom yourself. Are you sure you can handle it by yourself?

Margaret: I'm sure I will be fine by myself. You may leave the bathroom door open so you can see what I'm doing.

Kate: That's a good idea. I'll be making your bed and getting your table ready while you're in the bathroom. When you finish, you can sit on the chair and be ready for breakfast.

Margaret: Excellent.

Assisting
adult feeding

"When you're a nurse, you know that every day
you will touch a life or a life will touch yours."

– Anonymous

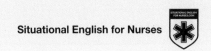

Kate:	Here you come. Look at you, Margaret. You've got more colour in your face.
Margaret:	You think so? I feel that I'm more energetic this morning.
Kate:	Your table is ready for you. Please come over here.
Margaret:	Thanks a lot. Can you find my dentures? They'll be in the bathroom. I just forgot to bring them back.
Kate:	Oh, sure. We shouldn't miss those essential ones for your breakfast. Are they all cleaned or do they need to be cleaned?
Margaret:	I cleaned them just before but forgot to bring them with me.

Kate: Here they are.

Margaret: Thanks, um··· that feels fresh.

Kate: I like your dressing gown. It really suits you. Here is a
            towel. You may like to put it on your chest otherwise
            your gown might get dirty.

Margaret: Thanks. I don't want to be like a patient so I always
            wear quite vivid coloured dressing gowns.

Kate: Good idea. You've got two pieces of toast and rice
            bubbles for breakfast. They look yummy. Oh, your
            water jug is empty. I'm going to get you some fresh
            water. Is there anything you want me to do before I
            leave?

Margaret: Well, can you open this milk container for me?
            Whenever I open this aluminium lid on the container,
            I always spill some of the milk. Maybe my hands are
            too big for this small one?

Kate: I know what you mean. You're not the only one who
            spills milk. I'll teach you a trick. You just use your
            fork and make a slightly big hole in the aluminium lid
            rather than pulling the lid off and then gently pour the
            milk into the cereal bowl. How about that?

Margaret: You're a genius. Why can't I have that kind of brain?
            You're a clever nurse.

Kate: (laughing) I learnt it from one of my patients. He
            taught me a long time ago. We're learning from each
            other. What about spreading butter on the toast? Can

you do it yourself?

Margaret: Yes, I can handle that.

Kate: Here is your call bell. I'll come back with some fresh water shortly but just in case, if you need me before I come, press the bell please. After that I'll leave you so that you can enjoy your breakfast without any disturbance. One more thing, would you like me to put your reading glasses and some magazines on your table too? You may want to read something.

Margaret:.   That'd be awesome. Thank you for helping me and sorry for holding you up too long.

Kate: It's my pleasure. Don't forget to use your call bell if you need me.

Assisting
taking a shower

"When you're a nurse, you know that every day you
will touch a life or a life will touch yours."

– Anonymous

Kate:	Hi, John. How are you this morning?
John:	Not too bad. How are you, Kate?
Kate:	Busy but enjoying my day as usual. Have you finished your breakfast?
John:	Yes, I have.
Kate:	How was that?
John:	Um···the porridge was quite nice but the bread was over-toasted, so it was too dry and hard to chew. It wasn't good for old people like me who don't have teeth. My wife will bring my dentures today then I will try toast tomorrow.
Kate:	Oh, sorry to hear that. That's why you left the toast. Would you like to have some soft bread? I can bring some for you.

John:	No, no, it was just enough for me. I don't usually have a heavy breakfast. The porridge was just right for me.
Kate:	When is she coming? If she's not coming until lunch time, I can ask the hospital kitchen to deliver some minced and moist food for you. It'd be much easier to chew.
John:	She'll be here by 11am with my dentures. She phoned me just before so I'll be fine.
Kate:	Right. John, when would you like to have a wash? I think you'd better take a shower before your wife comes. What do you think?
John:	Oh, that sounds good. Do you have time for me?
Kate:	Of course, I'm here to help you. Would you like to go for a shower now? I've just checked the big bathroom and it's not occupied yet.
John:	That'll be great. Then what should I do?
Kate:	To begin with, are you sure that you don't mind me assisting with your hygiene care?
John:	No, I don't mind. I appreciate your help.
Kate:	Right. How's the pain in your legs? You may need some analgesia before taking a shower.
John:	Um⋯⋯ You already gave me a couple of pills with breakfast, didn't you? I think they're working for me since I don't have any pain.

Kate:	That's all good then. During your shower, I'll gently clean your leg wounds with warm running water. After the shower, I'll apply new dressings on your legs.
John:	Good plan.
Kate:	If there is anything I need to be aware of to protect your culture or special needs, please let me know.
John:	I'm not that fussy but thank you for asking.
Kate:	Let me go and put the "Occupied" sign on the bathroom before someone gets in. Have you got your toilet bag? I can take it to the bathroom with me now if you have it.
John:	Can you open the second drawer for me?
Kate:	Let me see······here it is. You've got a toothbrush, toothpaste, comb, deodorant spray and an electric shaver, moisturiser and soap, shampoo and wow even some cotton buds! You are very organized.
John:	No, it wasn't me. It was my wife, Sarah. She never disappoints me. It's too early to be surprised, Kate. If you look inside the carrier which is next to the chair, you'll see how much I have been spoiled.
Kate:	May I open the carrier then?
John:	Of course.
Kate:	Wow, look at that. Everything is very organised and she's even sorted what to wear by days of the week.

Today is Tuesday···here they are. You are going to have the blue checkered pyjamas with the navy colour T-shirt with a clean singlet and underwear and grey socks. How amazing your wife is! I think she's one of the best wives in the world.

John: I'm totally useless at finding stuff and organising things but she's just awesome with those.

Kate: You're a blessed man indeed. Right, let me put your toilet bag and the new clothes in the bathroom first and then I'll help you get there. You may start to shave while I set up the bathroom. Here's a mirror for you.

John: Thanks. Kate.

Kate: John, I'm back. I already put your toilet bag in the bathroom with a couple of flannels and two towels. What else do we need?

John: Nothing. It's more than enough.

Kate: Alright. I know you managed your daily activities independently at your home but I've brought a walking frame for your safety. Have you used one before?

John: No, I haven't but I've seen other people using them several times. Is it the same as a walking stroller? I've got a similar one at home which I've used for 6 months since my legs got this problem.

Kate: It might be similar but this walking frame has no

wheels so you can't push it. Instead you need to lift it and put it down when you walk forward. I'll show you how to use it. Look at me, please. I'm standing upright with my feet together and holding the frame firmly with both my hands. I'm lifting the frame and putting it down a small distance away and then I can step forward. Would you like to try?

John: Sure, it doesn't look difficult to me. But by the time I get to the bathroom, it will almost be Christmas. Why don't you just take me there on something like a wheelchair? It'll be much quicker.

Kate: I know it'd be much more convenient and quicker if I just use a wheelchair but then I can't assess your mobility. If you walk there using this frame, I can see how you manage walking and consider which walking aid is appropriate for you.

John: I see but I just feel sorry that it'll take a long time to help me. I know nurses are always very busy and especially in the morning.

Kate: Thanks for worrying about me but that's not something you should worry about. I'm glad to be busy doing what I'm supposed to do. Helping and assessing you is one of my priorities today.

John: All good then. You said stand and hold the frame with my hands. Raise and move this frame forward and walk little by little. How about that?

Kate: Perfect. Can you continue walking to the bathroom? Take your time.

John: You're right Kate. The floor feels a little bit slippery and I might be unsteady without this frame.

Kate: What about pain? Are you feeling any pain while you're walking?

John: It feels tight but not bad. The pain is about 2 out of 10 or less.

Kate: Good. We're halfway through already. You're doing very well with this frame.

John: I'm getting used to it.

Kate: Excellent. Here we are. I'm going to lock the door and draw the curtains for you. Please keep on walking to the shower bench. I already put a towel on the bench, so you won't feel that cold when you're sitting on it. Right, before sitting on the chair it'll be better to take off your trousers and briefs.

John: You're right. All done.

Kate: Now you need to let this frame go and hold the side rail on the wall and slowly sit down on the bench. Well done. It was quite a job, wasn't it?

John: Yes, it was. I can take off my top.

Kate: John, I think the water is warm enough. Can you see whether the temperature is good for you? If you swing the tap to the left it'll be hotter and to the right it'll be cooler.

John:	It's a bit hot for me. You said to the right for cold water? I can see the blue colour on the tap. Ah-ha, that's just right for me, I like it luke-warm. Can you pass my toilet bag please? I'd like to shampoo first. What about the dressings on my legs? They are going to be wet.
Kate:	Don't worry. The dressings are stuck on the wounds so if I try to take them off now they might rip your skin. So I'm going to soak the dressings with warm water and then it'll be much easier and gentler to remove the dressings without pain and ripping of your skin.
John:	You're a genius, Kate.
Kate:	This is what nurses do. Here is your toilet bag with flannels. I'll hold the showerhead for you while you are cleaning your hair. When you finish cleaning your front, I can help you clean your back. Is it warm enough for you?
John:	Yes, it's good for me.
Kate:	Can you please lean slightly forward for me so I can wash your back. That's it. All good. Here's a dry towel. You may dry yourself off while I'm washing your legs.
John:	Thanks.
Kate:	Look at that. Your dressings easily peeled off. You'd feel that too, wouldn't you? Cleaning wounds with warm running water is very effective for wound

healing because we can wash off a lot of dead tissue, germs and dried blood as well as any ointments applied previously. How are you feeling?

John: Around my ankles is a little bit sensitive but other than that, quite endurable.

Kate: I see the ulcers around your ankles look deeper and reddish compared to other parts. All right, I think your legs are clean enough now. Let me gently pat your legs and your feet with a towel. Here are your moisturiser and deodorant.

John: I don't normally apply any moisturiser or perfume but my wife always likes them and asked me to do so.

Kate: It is a very pleasant scent. You should listen to her. Wives are always right. Would you put on your singlet and t-shirt?

John: I can do that.

Kate: Good, let's get you dressed. Before you stand up, please lift your legs up one by one then I will help you put on your briefs and pajama pants so you don't need to balance on one leg unsteadily while putting those things on. Put your slippers on please.

John: Thank you.

Kate: The last touch! Here is a mirror and a comb for your hair. You will be very surprised when you see a new man in the mirror.

John:	Um···He's not bad.
Kate:	I told you. Shall we go back? You need to hold the side rail first. While you're standing up, I will dry off any water on your buttocks and pull up the pyjama pants and the briefs.
John:	Okay. I'm ready.
Kate:	I wiped off the floor but it might still be slippery so please take each step carefully.

Discussion with multidisciplinary team

Kate: Good morning, team. Am I the last one for the MDT meeting?

Pip: No, you're fine. Peter will be the last one.
(Charge Nurse)

Kate: Phew, I thought I might be the lucky last one. I was stuck in Room 10-2 for Mr. Brown's dressing change. It took ages. I wouldn't have noticed the time if Helen hadn't reminded me of this meeting. Anyway, thanks for waiting for me. I'm nursing all of the patients in Room 10.
Mr. Smith, 10-1, 68-year-old, gentleman. He had a laparoscopic anterior resection done for bowel cancer with a newly formed colostomy yesterday. It's Day 1 post-op. He has been using a PCA well and he is sitting on the chair now which is amazing. He hasn't been mobilised yet but I will take him to walk after this meeting. The colostomy hasn't been active but the pouch has been filled with some liquid and gas so

I emptied it early this morning. Kelly, will you see him today?

Kelly:
(Stomal CNS)

Yes, I'll see him. I met him in the outpatient clinic. I'm sure he's quite familiar with stoma management as I initiated the stoma education before the surgery and he demonstrated quite well. But it might be a different story now that he has a real stoma so I'll see him and will go through everything with him again.

Kate:

Excellent. I saw he already brought the stoma bag to his bedside. Kelly, do you want us to change his pouch every day?

Kelly:

Yes, please. He will need more chances to practice before discharge.

Kate:

No problem. He'll be glad to see you because he asked me when you are going to visit him.

Kelly:

Did he? I told him in the clinic that I will see him in the morning after surgery.

Kate:

Also, Janeen, did you receive a referral for him? It was faxed last night by Lyn.

Janeen:
(social worker)

Yes, I've got that one. Was it for home help?

Kate:

Yes, right. Mr. Smith lives with his wife who's been suffering from arthritis. He's the main carer for her but unfortunately he's been admitted so she will need some help. Now their daughter who lives in Australia is looking after her but she will go back home at the end of this month.

Janeen: No problem, I'll see him after lunch. Do you know what time his family will visit him?

Kate: I'm not sure when they will come. Do you want me to page you when they're here?

Janeen: No, that's fine. I'll see him first and if he's happy for me to contact his family then I will call his wife. Her phone number is written on the form and oh, even his daughter's mobile phone number too.

Kate: It was because his daughter requested the social worker's input. She is a social worker in Australia too.

Janeen: Oh, that sounds good to me. What's her name? Oh, here it is. She's Mary Henderson. Brilliant! I will see him first and contact her after meeting with him.

Kate: Other than that, Mr. Smith has been doing well. My next patient is Mr. Coutts in 10-2. He's been here for 3 days now for an infected abdominal wound. He had an open sigmoid colectomy and a colostomy formation done last month and was discharged by us. But he came back with an infected abdominal wound and he's been with us for 3 days. I was concerned that he had a PICO dressing on the infected wound but it was quickly saturated. Since we applied the PICO dressing, it's been changed almost every two days and I marked the redness around the wound yesterday and found it is now bigger than the marking. His vital signs are all within the normal parameters, but I recommend applying VAC dressing rather than PICO. When I was going to page the surgical team to discuss his wound and VAC dressing they came to Mr. Coutts. They agreed to apply a VAC dressing rather than continue the PICO. Everything just happened at once so I was quite busy.

Pip: That makes sense. Excellent. What about his antibiotics? Do they want to change to other antibiotics?

Kate: No, they want to continue the same antibiotics because the blood results showed a significant improvement, but I mentioned the increased redness around his wound.

Pip: Very good Kate. Does he need any MDT input?

Kate: He lives alone but he's been managing independently, and he declined any MDT input. During the last admission, the MDT wasn't involved in his care for the same reason. However, he will need district nursing input on discharge for ongoing wound management.

Pip: It sounds like a plan. I can see he's doing well on his own. What do you think, Kelly?

Kelly: Yes, you're right. He's been doing great with the stoma management so I'm not worried about him at this stage. But I will keep an eye on him until we discharge him.

Kate: Perfect. Isaac Glenda, 17-year-old boy who had appendicitis. He is on the elective lists for surgery and he will be the first on the afternoon lists today. I don't think he will need any MDT input as he lives with his parents who are very supportive. He might need physiotherapy input after surgery but not now. If I look after him tomorrow again, I will update you guys.

Pip: I know you will.

Kate: Finally, Mr. Chris Smith. There are two Smiths in the room. The first one is John Smith in 10-1 but I am talking about Chris in 10-4. He had a debridement on his right shin 4 days ago and the surgical team cleared him. I mean they cleared him medically so he can go home today.

Sue:
(physiotherapist)
Did they? Oh, that's interesting. Yesterday I got him up but he lost strength in his limbs. He was struggling to stand up from the chair and it took ages to help him to walk around the ward. It's not safe for him to go home at this stage. The problem is he's been using a recliner chair at home and it is just too convenient and comfortable. He doesn't need to use his muscles to get up because the chair automatically assists him as he presses the buttons. If he is discharged now, he will totally lose his muscle strength and that is what I am concerned about.

Kate: I reckon. When they told me that, I'd already mentioned he's not ready to go home yet. They just medically cleared him but we can't kick him off to discharge until we make sure he is safe to go home.

Pip: What about referring him to the rehabilitation unit? As he doesn't need to be in the acute surgical ward, he will only need to strengthen his muscles so the rehabilitation unit will be the perfect place for him.

Kate:	That will work for him. I agree with that.
Sue:	I will assess his mobility again and will suggest that the medical team transfer him to the rehab unit.
Kate:	Great. I will talk with the team about this as well. That will be the best option for him. I am sure they will refer him to the rehab unit. Right, I think everything is on track for me. That was all about my happy family.
Pip:	Excellent, Kate. Can you please find Peter for us?
Kate:	Sure, he must be somewhere in Room 7. I could hear his voice on my way here.
Pip:	Thanks.

"I'm a nurse because 'miracle worker' isn't an official title."

– Anonymous

Measuring a patient's weight

Mia: Hi, Paul. This is Mia.

Paul: Hi, Mia. You're back with a student?

Mia: Yes, I am. Today I'm going to work with Nichole. She's a third year nursing student and she'll be with us for 6 weeks. Her main preceptor, Mary, is on annual leave at the moment so I'll be precepting her until Mary comes back. Nichole is a student today, but she also works in this hospital casually as a health care assistant.

Nichole:	Good morning, Mr. Harrington. My name is Nichole, as you know. Nice to meet you.
Paul:	Hi, Nichole. Nice to meet you too. You are such a diligent girl studying and working!
Mia:	I reckon. She'll observe and follow me today which means she will be involved in your care under my supervision if you don't mind.
Paul:	No, I don't mind. One of my granddaughters enrolled at a nursing school in Australia this year so I'm quite happy to see what nursing students do.
Nichole:	That's kind of you. I should behave well so you can tell your granddaughter good things about nursing students.
Paul:	Take it easy and you'll be fine with Mia.
Mia:	Let me check your vital signs as it's the first part of most nurses' routine.
Paul:	Sure thing!
Mia:	Your vital signs are good and all within the normal ranges. Paul, do you remember what we discussed yesterday regarding monitoring your daily weight because you have got the parenteral nutrition running?
Paul:	Yes. You said that I need to measure my weight every day. If it's possible, usually at the same time every morning. Am I right?

Mia:	Perfect. So, I brought a scale with me yesterday but not this morning. Would you be okay to walk with us to the nursing office so I can weigh you on the standing scale? It sounds a bit bossy but increasing mobility is very important for you to prevent unwanted hospital related complications such as blood clotting and chest infections. While you're walking, I will assess your mobility so that we can consider which walking aid will be suitable for you. Of course, we will help you all the way through.
Paul:	No problem, I've used a walker at home since I had a fall last year but I was just brought by the ambulance immediately to the emergency department so no one thought to bring my walker.
Mia:	Then it's perfect timing to assess your mobility. Right! Let's get started. How are you feeling now?
Paul:	I feel more energetic than yesterday. I was out of juice then, indeed.
Mia:	I can see the parenteral nutrition is working for you. Would you like to try a hospital walker for now?
Paul:	Brilliant. I was a bit worried about walking without my walker.
Mia:	Nichole, would you mind bringing me a walker from storage?
Nichole:	Of course, do you mean the storage right next to the staff changing room?

Mia:	That's right. Thanks.
Nichole:	Just a second.
Mia:	Paul, are you able to sit right up for me and move your legs over the edge of the bed and face me?
Paul:	Certainly.
Mia:	Before you stand up, your body will need some warming up. Please dangle your legs and move your feet back and forth, side to side. Give your legs a good stretch. Good, now please come a little bit closer to me so your feet can feel the ground. How are you so far?
Paul:	I feel like I'm a baby who is learning how to walk for the first time. I'm good, Mia.
Mia:	This exercise is helping your body to avoid a possible drop of blood pressure before standing up.
Nichole:	Is this what you're looking for, Mia?
Mia:	This is it. Thank you, Nichole. Right, Paul, have you ever used this kind of walker?
Paul:	It looks quite similar to mine.
Mia:	Great. Please show me how you usually use the walker when you're ready but let us know if you feel dizzy or unsteady.
Paul:	Yes, the brakes should be on before you stand up

otherwise it might slip or you might lose your balance. I need to shuffle closer to the walker and lift my bed up slightly so I can stand easily.

Mia: Excellent, Paul. Do you feel steady on your feet?

Paul: I'm quite alright.

Mia: I'll push your IV pole while you're walking. It's not a race at all, so you should take your time.

Paul: My mind is already there but I'll do as you advised. This is not bad. I'm doing quite well, aren't I?

Mia: You're stunning, Paul. You're almost there. You're going to turn left two doors down. I'm wondering whether someone can bring your walker so that you can use your own while hospitalised?

Paul: Um⋯Sarah said she'll pop in to visit this afternoon before picking up her children. She can bring my walker.

Mia: Who's Sarah, sorry?

Paul: Sarah is my stepdaughter. I'll ask her to bring it for me.

Mia: Sounds good. Here we are already. This is a standing scale. What you need to do is to hold the guide rail firmly instead of holding your walker and then hop onto the scale. After that I'll put your walker a little further away. Can you do that for me?

Paul:	Yes, I can. Put my walker aside and grab the guide rail······and stand on the scale. This is easy.
Mia:	Can you read your weight on the screen for me?
Paul:	It's···69 or 68. Yep, it's 68kg.
Mia:	It was 67.5kg yesterday, wasn't it?
Paul:	Yes, it was.
Mia:	Great. Paul, would you like to walk a little bit further before you go back to your bed?
Paul:	I don't mind but you must be busy.
Mia:	I think Nichole can accompany you while you're walking. You don't need to go that far but just go to the end of the corridor and then turn back. By that time, I can finish the morning medication round for my patients. Nichole, can you do this for me?
Nichole:	No problem at all. Mr. Harrington, would you mind if I assist you?
Paul:	Not at all, Nichole.

Position change

"Success is not final. Failure is not fatal.
It is the courage to continue that counts."

– Winston Churchill

Mia:	Susan, you've been lying on your back long enough. It's time to change your position.
Susan:	Again? I can't be bothered. I'm fine as I am.
Mia:	You look comfortable as you are, but you know how important position change is, don't you? We should change your position every two hours. Also, you'll need to shift further up the bed because your feet are almost touching the footboard.
Susan:	You're right. I keep sliding down. Let's do it now so that no one will bother me for the next two hours. I was watching very important scenes.
Mia:	I'm sorry to interrupt. What were you watching? Oh~ that~ I already watched it so I know what will happen soon.
Susan:	No, no no, don't spoil it now.
Mia:	I'm so tempted but I won't spoil it. Don't worry about that. I'm raising your bed up to my waist level, so I won't hurt my back. Let's draw the curtain for your privacy and I'm going to take off these blankets and the pillows under your feet. Which side would you like to turn onto this time?
Susan:	The right side please, so I can easily reach my mobile phone charger. Wait a second. Where is the pendant of my painkiller? Here it is. I'd rather press the button before having pain. I am sick of having pain.
Mia:	Good girl, Susan. That is why you have the patient-

controlled analgesia pump and I'm glad you are using it at the right time. I'm going to put two layers of slippery sheets under your body to help with changing position more easily. Are you able to hold the right-side bed rail and pull it gently? While you're doing so, I'm going to tuck the slippery sheets under your back. That's it. Well done. Now you may lie on your back again and then turn over to the other side slightly. I'm going to pull the sheets evenly under your body. They're well positioned. Now you can lie on your back again. I'm going to tilt the top of the bed down slightly so gravity can help you move up the bed. Here we go. Please bend your knees and then grab the headboard with your hands. You need to gently push yourself up while I'm holding your feet. Gently, please. I don't want you to bang your head against the headboard.

Susan: Don't worry I'm not that powerful of a woman. Do I push up now?

Mia: Yes, I'm holding your feet so go for it. Well done. Using the slippery sheet is so convenient and works magnificently. Now I'm making your bed horizontal. What's next? Right, turning you on your right. As you did just before, grab the right-side bed rail and I am going to pull the top slippery sheet while you're holding the rail. It will help you turn easily and nicely. Are you ready?

Susan: Gently grabbing···

Mia: Ready, set, pull!

Susan: Oh! That was quick!

Mia: Yes, it is. All done. When we use the appropriate gear for a patient's moving and handling, we can help with a patient's position change without injuries and we can also save our time. Let me take the slippery sheets off otherwise you will slide down again. Lift your left leg up so I can put a pillow in between your legs and another pillow should be under your head. Are you comfortable with this?

Susan: So cozy now. If you cover me with blankets, it will be awesome, thanks.

Mia: Sure. Let me just check your back and sacral area first. Um···yes, your skin looks intact. There is no redness or broken skin. Great. Are you warm enough?

Susan: That's nice. Thank you Mia.

Mia: Enjoy watching the movie.

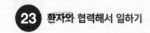

Working with patient
in partnership

**"Don't mess with me—I get paid to stab people with
sharp objects."**

– Anonymous

Mia:	Jenny, it's me, Mia. How are you?
Jenny:	I'm still sore and sleepy. I want to sleep more.
Mia:	I'm sorry to hear that you're not in good condition. You were under general anaesthetic while the surgeon took your appendix out. As they explained this morning that your appendix was perforated so it took longer and was complicated compared to a simple removal of appendix.
Jenny:	That's right, so I'm extremely tired.
Mia:	It makes sense you're still sleepy and in pain. However, at the moment, the most important thing we should do is to prevent possible complications after surgery.
Jenny:	My doctor said my tummy was cleaned and the surgery was done successfully. You were there with them, weren't you? Everything was done. What else should I do? I'm not joking. It is very sore when I move so I don't want to do anything and I need sleep.
Mia:	I was there and heard what he said. We were all glad the surgery was well done. Do you remember what he said before he left?
Jenny:	What was that?
Mia:	Listen to your nurse.
Jenny:	Oh···yes. I remember.

Mia:	I'm not going to bother you except for helping you to recover without unnecessary or unpleasant experiences such as wound infection, chest infection or blood clots. In order to achieve this, we should do something very important right now. I can't do it by myself, but we can do it together.
Jenny:	All right. I don't want to have those gross problems at all. What should I do?
Mia:	Good girl. First of all, you've been in the theatre for a few hours under general anaesthetic and a ventilation machine helped your breathing during surgery. In this case, your lungs don't expand as much as usual and your coughing mechanism is also not active so patients are more likely to have chest infections when they have a surgery under general anaesthesia. Therefore, it is very important to do chest exercises such as taking deep breaths and coughing. While you're taking deep breaths, your lungs can expand and exchange gases effectively, even in the base of your lungs. Coughing will help to eliminate secretions so that your airway becomes clean.
Jenny:	I understand but I'm very sore even just moving side to side.
Mia:	I'm not forcing you to do so while you are in pain. That wouldn't be fair. You have several options of analgesia and I would like to give you those painkillers before you do some exercise. How about that?
Jenny:	That sounds good.

Mia:	Can you tell me your pain score using numbers from zero to ten?
Jenny:	If I don't move, it's just one but it goes up to five when I move.
Mia:	Let's start with taking more analgesia first and we'll do some exercise once the medications work for you.

Education for deep breathing exercise and cough

Mia: How is the pain going?

Jenny: It's about two out of ten when moving and no pain at rest.

Mia: The painkillers are working for you. Let's see your oxygen saturation. It's now 92% which is not an ideal number for you. It should be more than 95% unless you've got some respiratory or heart problems. First, you need to sit as upright as you can. This position helps your lungs to expand.

Jenny: Like that?

Mia: Well done. Now take a breath through your nose and mouth deeply and slowly. While you're taking a breath, your abdomen should rise instead of your chest moving up. For this exercise, try to push your diaphragm downward when taking a breath then hold your breath for five seconds. Now breathe out through your nose and mouth slowly. Use your diaphragm to remove the air from your lungs. We're going to do this exercise 5 times and take a short break before repeating. That's one cycle and we will repeat for three cycles. Can you do that?

Jenny: Sure, sit right up⋯take a deep breath and hold my breath for 5 seconds then breathe it out slowly 5 times and repeat the cycle three times?

Mia: Such a clever girl.

(After 3 cycles···)

Mia: That was great. Next is to cough effectively. When you cough, you might feel uncomfortable or have pain because of the increased pressure inside your tummy and the incision site might be affected if you cough too strongly. We don't want this to happen to you.

Jenny: Oh, that scares me. How can I cough then?

Mia: We can use your pillow or folded towels to support your abdomen and put your hands over the incision site while you're coughing. I'll show you how to cough. Lean forward slightly and put your pillow on your tummy like you're hugging it. Put your hands over the operation site so you can give extra good support to it. Cover your mouth with a tissue first and take a deep breath through your mouth then breathe it out sharply and strongly through your mouth three times.
Cough! Cough! Cough! It's your turn now. Would you do this for me?

Jenny: Cough, cough, cough.

Mia: Excellent, Jenny. Let's see how much your saturation has improved. Look at this. It's now 98 percent. Well done.

Jenny: Woah, that's awesome.

Helping a visitor find a patient

"Forgive yourself; you are not perfect.
Show yourself grace; you are still learning.
Show yourself patience; you are on a journey."

– Anonymous

Mia:	Are you guys alright?
Paul:	No, I think we're lost.
Mia:	My name is Mia. I'm a nurse in this ward. Are you visiting someone?
Sue: (Paul's wife)	We're looking for Rob. He's a friend of ours. Yesterday he said he was admitted to the 4th floor. We just came out of the elevator. Are we on the 4th floor?
Mia:	Yes, you are. Do you know which room he's in?
Paul:	No, we don't. He just said 4th floor. We should've asked him for more detail. It's just kind of a surprise visit.
Mia:	Your friend must be very happy you're visiting. Let me check our patient lists. What's the patient's name? Did you say Rob?

Sue: Rob Williams, isn't he, Paul?

Paul: Yes, we call him Rob. His full name is Robert Williams.

Mia: Robert······Williams······um······he's not on our lists. He might've gone home. Let's go to our ward clerk. She'll tell us where he is.

Sue: Thank you so much and I'm so sorry to hold you up so long. You must be very busy.

Mia: I'm alright. There she is. Jane! Can you please help this couple? They're looking for a patient but he's not on our patient lists.

Jane: What's the patient's name?

Sue: His full name is Robert Williams.

Jane: Oh, Mr. Williams? He was transferred to Ward 5, to the medical ward this morning. We're a surgical ward so if medical patients are admitted to our ward, we normally send them to the medical ward as soon as they have a room for them. Let me search where he is. He's in Room 10, in Ward 5.

Mia: Ward 5 is on the third floor.

Paul: What a mission finding him is. We should've told him that we're visiting him today. Thank you for your help.

Mia: I'm happy to escort you to Ward 5 if you would like me to. I'm still on my break.

Sue:	Oh, you're an angel. It's quite a challenge for both of us. We're hopeless here. If you take us there, it will be much appreciated.
Mia:	You're very welcome. When I was a new graduate nurse, I was also lost on my way from the hospital cafe. I felt the inside of the hospital was like a maze. I do know that hopeless feeling. Shall we go now?

Part 2

26 Encouraging smoking cessation

27 Conversation with a colleague (2)

28 Conversation with a colleague (3)

29 Conversation with a colleague (4)

30 Reflection on a drug error

31 Job interview (1)

32 Job interview (2)

33 Job interview (3)

34 Job interview (4)

35 Discharge

36 Transfer to another ward

37 Hand washing

38 Praying for an anxious patient

39 Intravenous catheter insertion

40 Taking blood from the peripheral line

41 Taking a urine sample

42 Nasogastric tube insertion

43 Negative pressure wound therapy (1)

44 Negative pressure wound therapy (2)

45 Telephone conversation

46 Bedside handover

47 Conversation with a nursing student (1)

48 Conversation with a nursing student (2)

49 Problem solving with a colleague (1)

50 Conflict resolution with a manager (2)

Encouraging smoking cessation

"When you feel like quitting, remember why you started."

– Anonymous

Mia:	Tim, did you ring the bell? What can I do for you? Oh, you look pale and sweaty. Are you okay?
Tim:	I feel like throwing up. I am really sick and sore. Oh my. It's awful.
Mia:	That's not nice. Let me check your vital signs and blood sugar level. When I took your vital signs about one hour ago, you were smiling and talking with your visitors. Your vital signs were good. Here is a sick bag just in case. Um···all the numbers are fine except for slightly fast heart beats. Your blood sugar is also normal. I will check your ECG as well to see your heart rhythm before paging your doctor.
Mia:	Tim, the house officer will come and see you in a minute. Would you like to have some medications for your nausea? I have got some antiemetics already charted for you.
Tim:	I am a little bit better. It was really terrible, but I will be fine without any medications for now. My stomach felt like it tumbling and suddenly I felt like almost throwing up. Thank God, I didn't vomit on the way back to the ward.
Mia:	Have you been somewhere?
Tim:	Yes, I went outside to send off my friends then we smoked for a kind of celebration of my recovery. I was alright with them but when I was in the elevator to come up here, suddenly I felt sick and sweaty. I don't know how I could get here.

Mia:	How long have you been smoking?
Tim:	It has been about 20 years.
Mia:	I am not sure whether your symptoms are related to smoking, but you might as well try to quit smoking since you are admitted. It will be worth a try for your health. You would know so many negative effects of smoking, wouldn't you?
Tim:	You might be right. Yesterday I had a similar situation after smoking but I didn't tell anyone because I went downstairs in spite of my nurse's advice. It happened again.
Mia:	You should've told us Tim. Would you like to meet our Smoking Cessation Support Team? They can help you.
Tim:	But I have tried to quit smoking numerous times and it is a shame I have failed every time I tried.
Mia:	You are a perseverant man. You've tried numerous times despite facing challenges. Have you sought any health providers' advice for it?
Tim:	No, I haven't but tried by myself.
Mia:	I think it is a perfect time for you to quit smoking with our supportive team. Do you mind if I refer you to the team? They will love to see you and make an individualised plan for you. I will ask them to come as soon as possible.

Tim:	I don't mind. As you said, it might be good timing for me. But I don't know how they can help me.
Mia:	They are experts who help very heavy smokers to quit smoking with their plentiful experience, professional knowledge, resources, and supplements such as nicotine patches, gum and lollies. They will find the best plan for you. I'm so glad you've made the decision.
Tim:	Thank you for your encouragement. Although I might fail again, it will be worthwhile indeed to try.
Mia:	Excellent, your doctor is coming for you now. Hi, Tony······

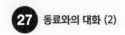

동료와의 대화 (2)

Conversation with a colleague (2)

"I'm a nurse—nothing scares me."

– Anonymous

Sue:	It's heavily raining outside. I almost got wet. Hi, Mia. Are you on tonight? Your name wasn't on the roster.
Mia:	Hi Sue, I was supposed to be on an afternoon shift, but Andrew phoned me to swap his two night shifts with me. I didn't mind doing night shifts because I'll be on annual leave after the shifts.
Sue:	Fantastic! How long will you be on leave?
Mia:	Four weeks. I'm so excited.
Sue:	It's going to be wonderful. What are you going to do? Do you have any plans?
Mia:	Well, people keep asking me about that but actually I have no plan. I'm the kind of person who loves to stay home. But my sister is so different from me. She is an outdoor person so my parents had a hard time when we were young.

Sue: I feel sorry for your parents. My two sons are totally different from each other so they drive me crazy from time to time. I also love to stay home, peacefully cooking, cleaning, laundry, gardening, etc without any disturbance. But the problem is my three boys including my husband never let me have a single peaceful moment.

Mia: I can see you are such a loving mum and wife for your family. I've got lists of books I'd like to read and to watch some movies. But I'm not sure whether I would have time for reading or watching.

Sue: Why not?

Mia: My 2nd assignment is due soon and I also need to prepare something for the next assignment while I have free time and weekly tests as well.

Sue: Oh no, you shouldn't use your precious annual leave only for study.

Mia: I know but that is my priority. This is my last paper for the master's degree. After that, I'll be free.

Sue: Are you sure you will be free after the study? I bet you will say "I am studying for my PHD".

Mia: Definitely not···um···not just after finishing the masters but I might in future.

Sue: You are so academic. Good on you. But it is getting cold. You also need to look after yourself so you don't get a cold.

Mia:	You're right. I got a nasty cold last semester, so I don't know how I passed my assignment . It was a miracle. I've never been sick like that before. I should keep myself healthy indeed so I'm keeping it in mind.
Sue:	Good. By the way, it's almost time for a handover but where are the others? Jack and Emma?
Mia:	Because it's raining, I think they might struggle to find parking places or might be in a traffic jam.
Sue:	Oh⋯hopefully not⋯but they might be.

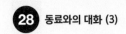

Conversation with a colleague (3)

Mia:	⋯⋯so, Mr. Smith in Room 6 should be seen by a diabetic CNS as soon as possible. A referral was sent yesterday. I hope they come and see him today.
Jenny:	I'll give them a call in the morning. It's quite urgent for him. Right, thank you, Mia. You look very tired. Go home and have a good sleep.
Mia:	Yes, it was a long night. I had five night shifts consecutively. But last night was the last one for me.
Jenny:	Wow, five? That's tough!
Mia:	I requested the night shifts, so it didn't bother me.
Jenny:	Are you coming to the baby shower for Sarah tomorrow?

Mia:	Oh right, I saw the notice but I totally forgot about that. Thank you for reminding me otherwise I would have missed her baby shower. Is it 3 o'clock for afternoon tea?
Jenny:	Yes, it is. What are you going to bring for her?
Mia:	They don't know if it's a boy or girl yet, do they?
Jenny:	No, she said it will be a surprise for them. It's going to be very exciting.
Mia:	I might buy a baby blanket with a neutral colour…
Jenny:	I think you need to think of other items because I knitted a blanket for her.
Mia:	Did you? Oh, lovely. I know you are excellent at knitting. You knitted a baby dress for Georgia's daughter, didn't you? It was so gorgeous.
Jenny:	I'm happy to make one for your one's too. But you'd better hurry up and meet someone before I retire.
Mia:	It's quite a lot of pressure for me then. I don't have any plans to marry someone for the next few years. By the way, what should I buy for her? I need to sleep on this.
Jenny:	Don't worry too much. Go home and sleep well.
Mia:	Alright, Jenny. See you tomorrow.

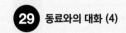

Conversation with a colleague (4)

Kate: Hi, Ben. How is your painting going?

Ben: Almost finished apart from the garage. My wife and
             I are extremely tired so we're having a break. It's
             going to be a long project to paint all the space in my
             house.

Kate: Take it easy, Ben. If your house is not brand new,
             it will be a lifelong job. Just do it one job at a time.
             My previous house was built in the 1930s. It was a
             good house but, you know···because it was old, it
             just required endless effort from us. Once you fixed
             the roof, the fence had a problem. We had done
             one thing then another thing was waiting for us so
             we decided to build a new house. Brian and I are so
             happy with our low maintenance house. How old is
             your one?

Ben: Well, it is about 25 years old and it is our first house
             since we got married.

Kate: Good for you and it is not that old. Oh, we have got
             some paint left over. If you are interested, let me
             know.

Ben: Great, what colour is it?

Kate: I don't remember the exact colour, but it is a light grey colour and you can use it for outdoor and indoor. We bought too many cans before we decided to build our house.

Ben: That is awesome, Thanks, Kate. I am very interested. By the way, I would like to open up my house for Christmas dinner. How about that?

Kate: That will be fantastic. If everyone is coming, it will be 25 people in total but we can't assume everyone would be there, so it will be approximately 20.

Ben: We are capable of hosting more than 20 at once and their families are also welcome to come. The backyard is reasonably spacious. I can prepare the barbeque and drinks. Do you think it will be okay to ask people to bring some food?

Kate: Of course, Ben. You don't need to feed all of them by yourself. Let me email them and see who can bring main meals, salads and desserts. We have to organise this first otherwise everyone might bring only desserts.

Ben: That sounds great. I will put more information on the noticeboard today and ask them to write their names if they can come so I can estimate how many will be with us.

Kate: It sounds like a plan. I will also bring the paint with me to the Christmas dinner if you don't mind.

Ben: Absolutely not, Thanks Kate.

Reflection on a drug error

"Learning is a treasure that will follow its owner everywhere."

– Chinese proverb

Andrew: Knock, knock, Kate. May I come in?

Kate: Sure, Andrew. Come in and grab a seat.

Andrew: Thank you.

Kate: How was your day?

Andrew: Well, as you know, it was full on. I was overwhelmed and shocked by the drug error this morning. Before I say anything, I would like to thank you for supporting me. If you didn't help me to have time out after the situation, I would still be in shock. Thanks to you, I could calm myself down and reflect on what I had done. To be honest, I went blank and didn't know what to do when I realised that I had made a drug error. Also, I was really upset with myself because I did make that silly and careless error. I cannot believe that I made it and I am sorry to my patient.

Kate: I can understand how frustrated you would've been at that time. At any time, we nurses must not cause any harm to our patients and that is why there are policies and protocols to follow to prevent actual and potential mistakes in our daily practice. However, unexpected things can happen like today, despite our efforts. So, I would like to have time with you to look back on the incident. Is it okay with you, Andrew?

Andrew: Sure, I desperately need time with you.

Kate: Good. First of all, can you please tell me what happened this morning?

Andrew: Of course. I was quite okay at the beginning of my shift because I knew all my patients from yesterday. When I met them this morning, they looked quite stable and the workload seemed to be manageable until Mr. Williams in Room 5 had a heart attack.

After taking all patients' vital signs, I was preparing the morning medications in the drug room and I heard an emergency bell in the toilet. As you know, it was for Mr. Williams. Thanks to the cleaner who was in the toilet with him at that time and pressed the bell immediately, getting help in time. It was quite a moment and I could feel my adrenaline shooting up and it took more than an hour to figure all things out for him. I also had to finish the morning medications as they were delayed too much so I was really in a hurry, to be honest.

I knew Mr. Smith's intravenous antibiotic has been changed to an oral tablet and checked on his drug chart. But I prepared IV antibiotics instead. Sarah checked with me as a second checker, but we actually failed to check thoroughly. Both of us didn't notice the route of the medication had been changed to oral. I gave him the same IV antibiotics yesterday, so I administered it without doubt.

When I finished it, Mr. Smith told me that he was told his antibiotics would be changed to oral during the doctors' round. Suddenly I realised I made a drug error. I saw his drug chart and it was clearly written as "PO". Oh my⋯I immediately told him honestly that I gave an IV instead of oral medication and apologised sincerely. I also explained the medication was the same antibiotic that he had had for the last several days but still the doctors and you would be notified of the mistake.

He was so kind and generous to me. Although I made a drug error, he just comforted and worried for me. He said he was fine and I would need a cup of tea to settle down. I think he definitely saw I almost fainted when I realised the drug error. I took a set of vital signs for him and called the house officer. He came to see Mr. Smith and explained it would not be a big problem for him. Thank God. But it is obvious how I failed to follow the protocol of drug administration.

Kate: Yes, I could see it was full-on this morning. No one expected Mr. Williams would have a heart attack. I can feel how frustrated and stressed you would've been. You were also in a hurry for the medication. Let's think about the reasons why you made the drug error.

Andrew: First of all, I was extremely stressed because my morning routine was delayed. Frankly, I really hate being out of control. Once I feel off track, I tend to rush in order to catch up. I don't want to admit the next thing but I have to. I think I couldn't focus on preparing the medication. While I was preparing my patients' medications, my mind was stuck on Mr. Williams's heart attack. I checked his vital signs properly and there were no warning signs but I wasn't sure whether I might have missed some signs and symptoms of a heart attack. Even though I saw Mr. Smith's drug chart, I wasn't careful to check all five rights. The previous experience with him in which I gave him IV antibiotics overpowered me, so I think I gave him IV instead of oral even though I was still looking at his drug chart.

Kate: You are quite right. When you are under stress, you are more likely to make more mistakes. Also, when you are distracted by something, it can be difficult to think carefully. Sometimes, we interpret things differently to what it actually is. Reflect on this, what things could you do differently if you were in that situation again?

Andrew: Well, it is obvious that I would try to put my focus on what I am doing. I mean, not being disturbed but concentrating on what I am doing. Also, I would ask for help from my colleagues. I was busy but I didn't ask for any help from them. If I did so, I wouldn't have been that hurried to complete the morning medication. I believe none of them would decline my request. They are very supportive all the time. As you know, they are amazing team players.

Kate: You have highlighted very important points. Yes, focusing on what you are doing is essential, especially when you prepare drugs. If you are disturbed during that time, you have more chances to miscalculate doses and measure the amounts wrongly. Another imperative thing you mentioned is asking for help. We help each other to finish our shifts safely. While we are helping one another, it builds our collegial relationship and minimises possible mistakes and harm. Tell me what you will do if you encounter a similar situation in the future?

Andrew: As I told you just before, I will carefully focus on what I am doing and will ask my colleagues for help. Also, I will work with my patients in partnership. Like Mr. Smith, he knew about the change of his antibiotics. It is not my own practice but also about working together with my patients. If I had talked to him before giving medication, I might've prevented the drug error.

Kate: That is an awesome idea too. I am happy with you and your reflection. We should reflect on our nursing practice and learn from it so we can deliver safer and more skilled nursing care. But still, it was a drug error so there are several recommendations for you from me. This is our medication administration policy and protocol. I know you already know it but please read it carefully again. It will be a good reminder of your responsibilities as a registered nurse. I also recommend that you do some online learning in relation to drug administration. Here is the list you should do. I would like to give you two weeks to complete the courses. How about that?

Andrew: Thank you for your recommendation. It will be good for me to refresh and reaffirm what I am doing.

Kate: Right, Andrew, thank you for sharing your reflection and thoughts with me. Is there anything more I can help with?

Andrew: No, Kate. I feel relieved. I appreciate your time and support.

Kate: All good, Andrew, go home and put your feet up.

Job interview (1)

Kate: Good afternoon. Are you Sandra?

Sandra: Good afternoon. Yes, my name is Sandra.

Kate: Nice to meet you. I'm Kate. I'm the charge nurse in Ward 26. I'm the one who gave you a call for this interview. How are you?

Sandra: Nice to meet you, Kate. Honestly, I'm a bit nervous but excited as well.

Kate: Good to hear that. Let me take you to my office and there will be two more interviewers apart from me. Please come with me.

Sandra:	Thank you.
Kate:	You're from Auckland, aren't you? Did you fly down this morning?
Sandra:	I arrived at my parents' house two days ago. Palmy is my hometown.
Kate:	They must be happy to see you.
Sandra:	I'm happier than them. I'm actually on annual leave for the next two weeks. They might be under stress because of me.
Kate:	Oh no, like a school holiday? I know that feeling. But they must be happy with you. Here we are. Let's go in. This is Sue, our nurse educator and Peter, my associate charge nurse.
Sue:	Hi, Sandra. Welcome to Palmy and Ward 26. I'm Sue.
Peter:	I'm Peter, one of the associate charge nurses.
Sandra:	Good afternoon, Sue and Peter. I'm Sandra, as you know. I'm very glad to meet you.
Kate:	Please take a seat. Here's a cup of water for you. You might need it just in case.
Sandra:	That's kind of you. I am getting thirsty.
Kate:	Take it easy and let us know when you're ready.
Sandra:	Thank you. I'm ready.

Kate: Right, can you please introduce yourself and explain why you applied for this position?

Sandra: Sure. Before introducing myself, I'd like to say thank you for giving me this opportunity today. When I got a phone call from Kate, I was so excited I wanted to cry with joy.

I was born in this town and lived here for about 20 years. As a young girl, I always dreamed of living in a big and busy city with a lot of people, cars, fascinating shopping centres where you would never be bored because I used to feel I was stuck in this small town.

So as soon as I graduated from nursing school, I applied for a job in the surgical ward in Auckland hospital. I've worked there for 5 years. I've enjoyed my life in the city and developed as a nurse incredibly. As you can see, I've acquired my masters' degree in nursing and worked hard in the ward. I think I'm really blessed to work in such a supportive team and have the chance to grow professionally.

Now I'm thinking of my future. I don't have any plans like marriage, I don't even have a partner, let alone children and I'm wondering whether living in a big city would be a good option for my future family and children. When I see the children in Auckland, I feel they're living in a significantly stressful environment with problems such as it being too competitive and not having many chances to enjoy the beautiful nature. Although I admired city life, I really loved to walk barefoot, swim and run on the grass with my brothers, sisters and friends. I enjoyed all my school life from primary school to nursing school here in Palmy. I'd like to provide my children and family with the peace and lovely nature and experiences that I had. You might think it's quite ironic, but I'm serious.

So, I kept looking for vacancies in this hospital. When I was a nursing student, I had the chance to practice in Ward 26 twice. My nursing journey actually started in this ward. For a naive nursing student, it was an amazing experience to learn the most exciting nursing in this acute setting. My preceptor, Marie, will forever be my role model. She inspired me and showed me what kind of nurse I should be, and at that time I decided to be a surgical nurse.

I'm very confident saying that I'm a skilled and experienced nurse in the surgical ward. With my professional knowledge, skill and experience, I'll provide safe and holistic nursing care to achieve the best outcomes for my patients. I'll also bring my warm and kind heart along with a bright brain so patients will feel supported, advocated for and touched.

In addition, my career plan is to become a nurse practitioner. In order to achieve my dream, it's essential to have abundant acute setting experience. I hope my introduction will help you to have a better understanding of me.

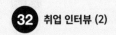

Job interview (2)

"Value what you do and add value by what you do."

– Anonymous

Peter:	Thank you, Sandra, please tell us what your strengths and weaknesses are.
Sandra:	Well, to be honest, I'm not used to talking about my strengths because I used to feel like I was boasting about myself. So, before this interview I took some time to think about myself as a person and as a nurse and realised that knowing myself is very powerful. I mean if I know my strengths well, I can strengthen myself even more and contribute to developing a high standard of nursing. On the other hand, if I know my weak points, I can try my best to fill the gaps so I can improve and develop to be a better person and better nurse.
	First of all, my greatest strength is my passionate attitude toward people and their health needs. I chose to be a nurse to help people. Of course, nursing is my job so I can earn money, but that's not everything. Caring for people is divine, and everyone needs someone who can look after them at some stage of their life. In those moments, I want to be their nurse who they can believe and trust and who they can rely

on to care for their loved ones. When my patients recover well because of the nursing care I provide, it can be a precious reward for me.

Another strength is that I provide safe nursing care. In order to provide safe nursing care, you should work based on evidence such as the organizational policies, procedures and up-to-date research. Also, you should study hard so you can maintain your professional knowledge and skills. That's why I've never stopped studying since I became a nurse. For example, I'm studying postgraduate papers and working toward a master's degree. If I'm successful in this interview, I'll make myself familiar with the hospital policies and guidelines in relation to my patients' care.

Lastly, I'm a team player. In nursing, you never work alone but work together with your colleagues, patients, their families and multidisciplinary team members all the time. I treat people how I want to be treated which means with respect, kindness, approachability, and a smile but all within my professionalism. During my shift, I see whether my colleagues need a hand, especially when my workload is quite manageable. When you're extremely busy, a simple offer of help from your colleagues can lighten the heaviness of your work.

In terms of my weaknesses, um, there are two points that I need to improve on more, and I'm working on these. One is that I should know when to say "No" to people. This could be a strength. Because I try to be as kind and approachable as possible when people ask me for help. When I was a new graduate, I used to be overwhelmed with helping others while I couldn't finish my own work. At that time, my charge nurse told me that we can't make everyone happy so I should learn how to decline if I'm not available. It was quite a shock to me but a solution at the same time. I was happy and used to helping people, but I wasn't trained to say no politely. Thanks to her advice, I learned about myself, and I believe I'm getting better.

The next weakness is that I should be more generous to myself. I always try to provide safe nursing care, so I study hard and work based on evidence. Although you try your best to make your work perfect, sometimes unexpected mistakes can happen. If I made mistakes, I couldn't shake it off easily but would linger in that situation. To improve myself, I reflect on what happened and apply what I have learnt from my mistakes to my practice, but it actually takes me too long to move on from my mistakes. That is why I need to be kinder and more generous to myself. Right, I think that is quite enough about my strengths and weaknesses.

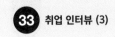

Job interview (3)

Peter: Brilliant. Sandra, as you know, nurses work under stress from time to time so resilience is very important. Can you tell us your strategies to manage your stress?

Sandra: Yes, you're right. Nurses face a lot of stress in their everyday practice and this influences nurses in different ways as it's well known. Frankly, I haven't thought about specific strategies to manage stress before, because I don't feel I struggle with stress often which might be good evidence that I do manage my stress well. I do take my breaks regularly.

For example, if I'm on a morning shift, I try to make sure that I don't get burned out by going for my morning tea around 10am and eating some brain food. It's quite a short time but enough to recharge my energy level. It's a break from work so I can also calm myself down so that I'm able to think more critically. In the same vein, I take my annual leave regularly and evenly throughout the year so I can be fully refreshed.

Another thing that helps me to manage stress is not to delay things that I should do now. If I have a pile of things to do as a result of the delay, my stress gauge goes up. The only way to solve the problem is to just do it now then you'll avoid the stress.

Also, I ask for someone else's advice if I can't handle problems. For example, having a regular meeting with my manager or nurse educator is a good way because they have abundant experience and knowledge so I can learn from them.

What else? Personally, maintaining my spiritual health is one of the most important ways to manage stress. While I pray, I consider the divine reason why I became a nurse which is the most meaningful purpose in my life. Recently I started to learn how to play the drums. I'm a novice, but I'm really enjoying playing the drums. I might hit the drum as if it's my naughty husband. I think learning new things that you always longed to try, or you have never tried before can be an exciting way to overcome your stress.

"How very little can be done under the spirit of fear."
– Anonymous

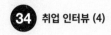

Job interview (4)

Sue:	It's my turn. Sandra, can you tell us some challenging situations you have encountered and how you dealt with them?
Sandra:	Challenging situations······ It's a broad question to answer but I'd like to talk about interpersonal challenging situations I've faced. Will that be okay?
Sue:	Sure, go for it.

Sandra: I still remember a time when I was a new graduate nurse. At that time, I was a novice and sometimes I used to feel like an outsider. I was on a morning shift, and it was a very busy day. Most of my patients were quite dependent so I desperately needed help from a health care assistant, so I asked one of the ward care assistants to help with my patient's hygiene care. She had worked approximately 20 years in the hospital, but she looked reluctant and tried to avoid my request. I did understand how busy she was. So, I had to manage by myself without help for the next three morning shifts.

But what I found was that she was so good to other nurses, helping them even before they asked her to do something. Because I didn't want to make a problem with her, I almost gave up asking her for anything. But I felt uncomfortable, and something wasn't right so I waited for a chance to talk to her.

One day both of us were on a break during an afternoon shift. She looked cold and unfriendly as usual. While we were in the staff room, I started to ask her about herself such as how she was, how long she had been working at the hospital and about her family. Then I honestly expressed my discomfort with her in a gentle and polite way. The surprising thing was she also misunderstood me and was even hurt by me. She said I ignored her when she said hello to me twice. I was very nervous at the beginning of my nursing career and I might not have listened well at that time because I was focusing on what I was doing. That might have been the reason I didn't notice her greeting. I'm not the kind of person who ignores others deliberately. I sincerely apologised to her and explained my situation as a new graduate. It was an unexpected situation. Since then, we have had a good collegial relationship and I value her role and help.

On reflection, I should've asked her earlier. If I had done so, I would've solved the problem sooner. To be honest, it was such a big challenge for me to talk to her, but I believed that if I expressed my mind honestly, it would touch her, and it worked. Thank God, we could solve the problem through conversation. You know, we work with different members of health care teams so we need help from others at many times.

Another example happened not that long ago at the beginning of an evening shift on a peaceful day. As soon as I met all my patients, I was going to read their clinical notes carefully and I heard a phone ringing. I answered the phone. Without any introduction, the person asked me to find a nurse who was looking after one of the patients in our ward. It was me so I said "speaking" and asked her who I was speaking to. She told me her name but I didn't catch it so I asked her name again. Suddenly she was very upset and asked whether I have any hearing problems. I was quite upset too but I tried to calm down. I asked her how I could help. She asked me why Mr. Baker was still in hospital because she ordered the team to discharge him. There was no such handover, so I had no idea why he was not discharged yet. I explained I hadn't heard anything about the discharge during the handover and I was going to review his clinical note.

Suddenly she said, "There's nothing I can get from you" Then she hung up the phone. I was in shock. It was unacceptable. What on earth? How dare she treat people in that rude way.

I took a moment to think about what I had said that could have upset her but there was nothing I could think of. It was a short conversation over the phone. So, I discussed this issue with my charge nurse directly. What I was impressed with was how my charge showed me how she advocated for us. She officially complained about the consultant and pointed out her unprofessional and unacceptable attitude toward me. I really felt that I was supported and protected by my boss both professionally and personally. After the official complaint, the consultant apologised to me and to our ward and she admitted her attitude was unprofessional and unacceptable. Since then, we still see her sharp edges from time to time, but she seems more cautious of her words and behaviour.

On reflection, I think bringing the issue to my boss was a good and timely decision that I made. Through this, I learned how to support and advocate for our team members when unexpected things happen, and also the importance of valuing and treating each other professionally.

Discharge

"I attribute my success to this; I never gave nor took any excuse."

– Florence Nightingale

Sandie: Brian, I've got your discharge papers. I'm sorry that it took a long time to give them to you. Thank you for waiting patiently.

Brian: There was no rush for me, and my wife texted that she just parked at the hospital and she'll be here within a few minutes.

Sandie: Good timing then. Right, this is your discharge summary and the next one is your discharge medication prescription. On the discharge summary, as you can see, all the details are written of the procedure you underwent, your progress and your discharge plans. You had an appendectomy yesterday under general anesthesia. According to the plan, you should avoid heavy lifting for at least 4 weeks but you can do light exercise like walking. You haven't taken any analgesia while you've been here, have you?

Brian: No, I haven't. It didn't hurt that much and I don't like to take any medications.

Sandie: That's no problem but you may need more painkillers than you expect when you actually get home because your physical activity will increase. You can take painkillers as required. So, here's your prescription.

Brian: You may be right. I didn't think about it that much. I might need more painkillers at home.

Sandie: What's next? Ah, wound management. You had a laparoscopic appendicectomy which has three keyholes in your abdomen. The small surgical wounds are well glued and they need no dressing. When I checked the incision sites this morning, they all looked good to me. I cleaned them with normal saline and applied new dressings just for your comfort. You can have the dressings on for a few days if they're intact, then take them off. Your wounds can be left without dressings. After you have a shower, make sure your wounds are clean and dry. Always handle them with clean hands, please. If you have any redness, hot feeling or swelling around the incision sites, or smelly discharge from the wound, you need to seek medical advice from your GP or if you become generally unwell with shivering, body ache and fever, you should come through the emergency department immediately.

Brian: Oh, I hope not.

Sandie: You can carry on with your usual activities but be gentle on yourself. Do you have any questions?

Brian: Not really.

Sandie: Okay, let me take the IV cannula out. You shouldn't go home with it.

Brian: Right, I was going to ask about that too.

Sandie: Is your wife going to take you home?

Brian: Yes, she is. Thank you for looking after me. What nurses do for patients is just amazing.

Sandie: It was my pleasure, Brian. All the best to you.

Brian: Thanks.

Transfer to another ward

Sandie: Good afternoon, Mrs. Brown. My name is Sandie and I'll be your nurse this afternoon.

Mrs. Brown: Hello, Sandie. I saw you yesterday. You were the nurse next door.

Sandie: You're right. We just said hello to each other yesterday. How are you today?

Mrs. Brown: Well, I am getting better but still short of breath when I'm walking. Do you know when I'm going down to the medical ward? The morning nurse told me that I'll be transferred to Ward 25.

Sandie: We're still waiting for a call from Ward 25 because they said they'll call when they have a bed for you. There was no bed available this morning but they'll have several discharges this afternoon. Are you keen to go?

Mrs. Brown: Oh yes, I've been admitted to Ward 25 many times, so I feel much more comfortable there. They know me very well and I know them. Don't get me wrong but I feel strange in this ward.

Sandie:	I do understand what you mean. Now you're here in the surgical ward even though you're a medical patient because there was no other bed in the hospital when you were in ED apart from in this ward. Our specialty is surgical care. I don't mean that we can't look after medical patients. All nurses in this ward have nursed a variety of patients and they're well trained. But it's best to send patients to the right place so they can receive optimal care in specialized areas.
Mrs. Brown:	You're absolutely right.
Sandie:	As soon as I receive a call from them, I'll let you know.
Mrs. Brown:	Thanks a lot, Sandie. I've been ready since this morning.
Sandie:	Really? You've finished packing? Alright, I'll ring them rather than just wait.
Mrs. Brown:	That sounds great. Thank you.
	(calling Ward 25)
Jenny:	Good afternoon. This is Ward 25. You're speaking to RN Jenny.
Sandie:	Hi, Jenny. This is Sandie speaking from Ward 29. I'm calling you regarding Mrs. Brown who's going to transfer to your ward this afternoon. Can you please find the nurse who'll look after her? I'd like to know when we can send her. She's keen to go.

Jenny: What good timing! The bed is ready so I was just going to call you. I'm the nurse for her.

Sandie: Great, Jenny. Are you happy to take a handover on the phone?

Jenny: Sure, she's well known to us, and our charge nurse already informed us that she's coming. One moment please, I need a piece of paper. Yep, I am ready.

Sandie: Mrs. Brown, an 82-year-old female patient. She was admitted to our ward yesterday morning through ED for shortness of breath. She has a complicated medical history such as COPD, end-stage renal failure, type 2 diabetes, hypertension and bilateral chronic leg ulcers. Her chief concern on admission was shortness of breath which was about 32 breaths per minute and saturation was 85% on room air. Her current vital signs are···temperature at 36.8, pulse rate at 92, respiration 28 per min with 89% saturation on 1-litre oxygen via nasal prong and BP 145/90. Her blood sugar is maintained stable and it was 6.5 mmol after lunch with her regular insulin.

            Her current diagnosis is pneumonia on the right lower lung. She has had intravenous antibiotics every 8 hours and the latest dose was given at 0800 so the next is due at 1600. Her regular oral medications were given this morning and at lunchtime. The dressings on her legs have been changed by the morning nurse and the details are clearly written on the wound chart. A referral to the Tissue and Viability Service was sent because her leg wounds need to be reviewed by the specialty nurse as they were covered with some sloughy stuff. She's been seen by a physiotherapist this morning. The plans for her are to maintain saturation at around 88 to 90 percent and give regular IV antibiotics and chest physiotherapy. Also, she'll go to the renal unit for hemodialysis tomorrow. What else do I need to talk to you about?

Jenny: What about fluid restriction?

Sandie: Right, she's on 1.5 Liter fluid restriction per day and she's recording her intake and output independently. By the way, she can eat and drink so we've ordered a low sodium diet for her. She's very independent and wants to manage everything herself. In her social aspect, she lives in a rest home and she has good family support. She's always surrounded by her family.

Jenny: I know. They're very supportive of each other.

Sandie: I think I've given you everything you need to know about her. Is there anything you want to ask?

Jenny: That'll be enough. Are you sending her now?

Sandie: We'd better because she's really keen to go.

Jenny: We'll welcome her. Thank you, Sandie.

Sandie: No problem. Have a good shift.

Jenny: You too, bye.

Hand washing

"Hand sanitizer has started to become your best friend."

– Anonymous

Mia:	Hi. Are you okay?
Margaret:	Oh, hi. Yes, I'm fine. I'm just looking at the hand hygiene poster. I'm going to visit my niece and I'm thinking I should wash my hands before seeing her. It doesn't look so difficult but there are several steps to follow.
Mia:	I think you're one of the best visitors. By the way, my name is Mia and I'm a nurse in this ward. I'm going to wash my hands now so you can watch how I do it. Sometimes, it's easier to see someone demonstrate how to do it and follow them rather than reading the instructions.
Margaret:	That's right. I was going to search my bag for my reading glasses.
Mia:	Great. First of all, the basic principle of hand hygiene is that you should wash your hands with running water when your hands are visibly dirty. Also, when you're in contact with anyone who has diarrhea or vomiting.

Margaret: Oh, certainly. I'd wash if my hands were dirty with poo, pee or vomit. Oh, disgusting.

Mia: I believe you would. Otherwise, you can use this alcohol-based hand gel at other times. When you use this gel, you should follow the same steps. Let's do it.

First, wet your hands with water and press the soap dispenser to apply enough soap. Use a generous amount of soap so you can cover all of the surface of your hands up to the wrists. Rub palm to palm in circular motions and you'll see bubbles. Thoroughly rub up to the wrists. Now I'm going to wash the back of my hands one at a time. For the left hand, I'm rubbing the back of my left hand with my right palm and in between the fingers. The same procedure for my right hand. Then with my left palm, rubbing the back of my right hand and between the fingers.

Where are we? Oh yes, now, wash palm to palm and between your fingers. I'm going to wash the back of my fingernails. Interlock your hands and rub the back of your fingers with your palms carefully. Let's move on to your thumbs. Grab your left thumb with the right hand and rub in rotating motions, back and forward and then vice versa. The last step is for your fingertips. Rub the tips of your fingers on the counterpart palm and repeat for the other ones. We're almost there. Now turn on the tap and rinse your hands thoroughly with running water. You may follow the same steps I did and dry your hands with paper towels.

Margaret: What a process it is.

Mia:	I know. It normally takes 40 to 60 seconds to wash your hands completely. Rubbing with soap will take about 30 seconds and a similar amount of time for rinsing. You may sing the happy birthday song twice when rubbing and repeat for rinsing .
Margaret:	That's a good idea. Do you have time for me? Am I holding you up too much?
Mia:	I'm fine. Go ahead and I'll see how you do. I can wash my hands automatically now, but it was a big task when I was a nursing student because I had to pass the hand hygiene assessment. But I'm not testing you.
Margaret:	Ok, wet first⋯

Praying for an anxious patient

"Nurse: just another word to describe a person strong enough to
tolerate anything and soft enough to understand anyone."

– Anonymous

Mia:	Sarah, you're not sleeping yet?
Sarah:	I was going to sleep but it's going to be difficult, so I'm reading the Holy Bible.
Mia:	I'm sorry to hear that. Would you like to have a cup of tea? Or is there anything I can do to help you sleep?
Sarah:	That's kind of you but I'll be fine.
Mia:	May I sit here with you for a minute?
Sarah:	Of course.
Mia:	Thank you. You're going to have surgery tomorrow. How do you feel about that, Sarah? Are you okay?
Sarah:	If I say "yes", I'm a liar. I'm quite nervous, to be honest. I never thought that I would have bowel cancer and would end up with a stoma on my abdomen forever. I've been very active and healthy. It's still very hard to accept what happened to me. But I tried very hard to see the bright side, so I thought I

38 불안해하는 환자를 위해 기도해 주기

was coping well. But everything happened to me too quickly , so I feel like I'm still in a horrible dream.

Mia: Oh···Sarah. You always smiled and cracked jokes so I thought you were fine. I should've asked whether you were okay earlier. I'm sorry I didn't ask you sooner.

Sarah: No, no, Mia. You're doing wonderfully for me and for your patients. It's just me···because tomorrow I'm going to have a big operation so that's why I'm pretty emotional. It's not because of you.

Mia: Sarah, I can see you're reading the Bible. Are you a Christian?

Sarah: Yes, I am. Even though I don't understand what happened to me very well, I believe in God and believe He'll have a good plan for me.

Mia: I'm a Christian too and I do believe my God is always with me and works for me at the right time. When I was waiting for a hysterectomy 10 years ago, I was extremely nervous. You know I'm a nurse and I knew what was going to happen to me. That was what I usually talked to my patients about. But when things happened to me, it was a different story. I was just a vulnerable patient who would lose her womb. Emotionally I was very depressed with a feeling I would no longer be a woman. You know, for women, the uterus is a significant symbol. I was very sad that I wouldn't have children in my life. At that time, the nurse who looked after me held my hands and prayed for me. You know what? It was really powerful. I felt at peace. Since then, I pray for my patients if they don't

162

mind. I offer to pray for them very carefully because it can be a very sensitive question to someone who has a different religion or beliefs. I don't want to offend anyone.

Sarah: I don't mind, Mia. Please pray for me.

Mia: Sure, let me hold your hands⋯heavenly father⋯

Intravenous catheter insertion

Jeanette:	Hi Sam, my name is Jeanette. I will be your nurse today. How have you been doing?
Sam:	Not so good. I'm really thirsty. Can I drink some water?
Jeanette:	I'm sorry to hear that, Sam. As you know you're on the acute list for surgery so you shouldn't drink anything. But I can give you some ice cubes. They'll help to satisfy your thirst.
Sam:	Thank God. I told the nurses in ED, but no one listened to me and they just said I'm not allowed to eat and drink at all.
Jeanette:	You must have had a hard time down there. I think they couldn't give you anything until you were seen by the surgeon because you might have gone to the operating theatre urgently. Right, the ice cubes I'm going to give you will only help you for a short

time so I'd like to insert an intravenous cannula for intravenous fluid. How about that?

Sam: I don't mind but the ED nurses and doctors tried several times but failed and then I was sent to you guys.

Jeanette: Oh⋯I need to do it extra carefully then. I'll come back to you with some ice cubes and with the IV trolley. Give me two seconds.

Sam: I won't go anywhere because I'm so thirsty.

Jeanette: I won't be a moment.

(A few minutes later)

Jeanette: I'm back, Sam. I just brought a half cup of ice cubes. Please melt them in your mouth one by one. Don't chew them.

Sam: Thank you so much. Mmm⋯that's so good.

Jeanette: Let me wash my hands before doing anything.

Sam: Yep, go ahead.

Jeanette: Can you tell me your full name and date of birth?

Sam: Samuel Horn, 25th of September 1995.

Jeanette: And show me your ID bracelet. Samuel Horn, 25th of September 1995. Yep, all correct.
What I'm going to do first is to inspect your veins for

an intravenous cannula. Once I find a good one, I'll use a 22 gauge cannula to insert and then connect it with this intravenous fluid called 0.9% sodium chloride.

Sam: Do you mean the needle will be in my body? I don't want the needle to wiggle and stab me inside.

Jeanette: Don't worry, Sam. The actual needle, which is called a stylet, will be removed and only the flexible cannula will be left in the vein.

Sam: Whew! I thought you were going to leave the sharp needle in me.

Jeanette: Are you right-handed or left-handed?

Sam: Right-handed.

Jeanette: Better to see your non-dominant arm first so you have less limitation with the cannula. Please lie on your back. Thank you. I'm going to tie a tourniquet around your arm. It'll help me to find a good vein. Can you clench your fist and open it several times? Um··· I can see people already tried on the back of your left hand. Um··· I need to see your upper arm rather than your hand. Here it is. I'm undoing the tourniquet so I can wash my hands again and put on gloves.

Sam: No problem.

Jeanette: Let's get started. Keep your arm straight for me. Make a fist and open again. Good. I'm cleaning your skin with alcohol and waiting for it to dry. All good, you might feel stinging now.

Sam: Ummmmmm···

Jeanette: Well done. It's inserted well. Just stay still. I'm undoing the tourniquet and applying a sterile dressing over the cannula. Today is the 2nd of May, isn't it? I'm writing today's date on the dressing so everyone knows when it was inserted.

Sam: That was quick. You're an expert!

Jeanette: Your vein was quite good. The cannula usually stays in for several days if there are no problems, and if not, we'll replace it with a new one to prevent intravenous catheter-related infection. If you don't need the cannula anymore, we'll remove it as soon as possible. We'll also assess the cannula site closely for any pain, redness and swelling, and to check whether the dressing is intact. If you notice any problems, let us know.

Sam: Will do. Thanks, Jeanette.

Jeanette: Not a problem. I hope you don't feel thirsty with this fluid.

Taking blood from the peripheral line

Jeanette: Good morning, Steve. How's your leg going? I think it's improved a lot.

Steve: Hi Jeanette, I think so. It's much better now. Holy moly, I couldn't walk when I came to the emergency department.

Jeanette: It was quite a naughty cellulitis.

Steve: I reckon. I think it's like magic now. It was incredibly swollen, red and hot to touch, and I was shivering, and my whole body was achy. I was horribly scared that I might lose my leg.

Jeanette: I can understand how worried you would have been.

Steve: It started just from a little scratch, and I had no idea where I got hurt. Maybe while I was trimming trees in my garden? I don't know. Suddenly the redness around the scratch was getting bigger and bigger and then I ended up calling an ambulance in the middle of the night.

Jeanette:	I'm so glad you're receiving appropriate treatment for your leg.
Steve:	I appreciate that too.
Jeanette:	Steve, I'd like to take some blood samples from you to see whether the antibiotics work well for you, and check your other organ functions such as liver and kidney. Depending on the results, we might send you home, or you might need to stay with us for a few more days.
Steve:	That doesn't worry me. Do whatever you want. I totally trust what you guys are doing for me.
Jeanette:	Thank you for saying that. Can you tell me your full name and date of birth?
Steve:	Steve Davis, 15th of October 1958.
Jeanette:	Thank you. Your birthday isn't far away. It's next Monday.
Steve:	Yes, my wife and I were going to travel to a Pacific Island for my birthday, but we had to cancel it because of my leg.
Jeanette:	Oh no. I hope the blood results come back as normal so you can go home and have a wonderful birthday with your family.
Steve:	Fingers crossed.
Jeanette:	Can you please roll up your sleeve and keep your

arm straight? I need to put a pillow under your arm⋯ much better. Give me one second to wash my hands and get everything ready.

Steve: Sure.

Jeanette: I'm ready. Are you?

Steve: Do you want me to lie flat?

Jeanette: Just a little bit, please. I supported your arm with a pillow, so it'll be fine. Do you have any allergies?

Steve: Not at all.

Jeanette: Good, I'm going to tighten this tourniquet. How's that, not too tight?

Steve: No, not bad.

Jeanette: Great. Wow, I don't think you need the tourniquet. Your veins are so obvious. I'm cleaning your skin with alcohol wipes and then need to wait until it dries. Please don't move. I'm pricking your arm now. You're doing well.

Steve: It's not hurting.

Jeanette: That's good. Almost there. I'm filling two sample tubes. All done. I am going to remove the needle now and put gentle pressure on the puncture site for about two minutes. Can you please press on the gauze for me?

Steve: Like that?

Jeanette: Yes, thank you. It was an easy job. I'd like all our patients to have good veins like you.

Steve: I'm generally healthy. I think there's no bleeding from the site.

Jeanette: I don't want to see you bleeding and your bed getting wet with blood. When you move your arm, you might bleed easily. I need to make sure. Please put gentle pressure on the site for a little bit longer.

Steve: You're right. I saw the fellow next to me yesterday call the nurses for bleeding when the nurse left him after removing his cannula. There was blood all over his bed and on the floor. He said he was taking a blood thinner.

Jeanette: If patients are taking a blood thinner, they're more likely to bleed than other people. Let me check your arm. Yep, you're safe. I'm putting this plaster on the gauze just in case and you can take it off 30 minutes later.

Steve: Great, thank you, Jeanette.

Jeanette: Not a problem.

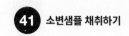

Taking a urine sample

Andrew: So, the CT scan is arranged for Brian at 10:30 today. He's now on nil by mouth for it and he might go to the operating theatre depending on the CT result. Right, that was about all for my patients.

Jeanette: Great, Thanks. Andrew. One more thing, how was Anna last night?

Andrew: Anna? Are you talking about Anna Palmer in Room 8-2? She was alright with me. Why are you asking?

Jeanette: She was bubbly yesterday, but she looked quite different during the bedside handover, like she was depressed or concerned about something?

Andrew: Um⋯her vital signs were all good and I didn't notice anything in particular.

Jeanette: Don't worry, Andrew. I'll figure it out. It might be nothing. She's my daughter's age so I might be a little bit sensitive. Go home and have a good sleep.

Andrew: Have a nice shift. All our patients are stable so it's going to be a quiet shift for you.

Jeanette:	Oh, Andrew. Touch wood! Touch wood!
Jeanette:	Knock, knock, Anna. It's me, Jeanette.
Anna:	Hi Jeanette.
Jeanette:	Is everything alright?
Anna:	I think so···
Jeanette:	Don't get me wrong, but I feel you look unhappy about something. Is there anything I can help you with?
Anna:	Well, you're right. I'm not sure how to explain it but something isn't right.
Jeanette:	Can you tell me why you think that?
Anna:	I'm very embarrassed to talk to anyone honestly. Since yesterday I've been to the toilet frequently to pee. When I pee, it's painful and burning and there's nothing coming out or just a little bit of pee. But I just want to go to the toilet again and again. I don't know what's going on. I'm really worried about that.
Jeanette:	It seems like you might have a urinary tract infection.
Anna:	What's that? Is it serious?
Jeanette:	No, Anna. You're fine. We call it a UTI which stands for urinary tract infection and usually it can be treated with antibiotics. It happens when bacteria such as E-coli enter your urethra and bladder.

Anna:	Do you mean I've done something wrong?
Jeanette:	Not at all, Anna. There are various risk factors that can cause a UTI such as diabetes, pregnancy, active sexual life, hygiene care, weakened immune system, use of antibiotics, etc. The chief symptoms of UTI are painful and burning sensations when you pee, frequent or urgent feeling that you need to pee and you might pass cloudy or smelly urine. But we need a urine test to confirm whether you have a UTI or not. Women have a shorter urethra compared to men, so anatomically we're at greater risk of UTIs than men. Anna, can you collect a urine sample for the test?
Anna:	Sure. What should I do?
Jeanette:	You need to collect midstream urine for the test.
Anna:	What does that mean?
Jeanette:	You're collecting the middle part of the urine. When you pee, let the initial part of the urine go into the toilet then position the sterile container to collect the middle part of the urine, while you're passing urine without stopping. This is because the first voided urine usually contains some microorganisms and some dead cells or debris which we don't need.
Anna:	I see.
Jeanette:	Would you like me to explain exactly what you need to do?
Anna:	Yes, please.

Jeanette:	I'll give you clean wipes soaked with warm water and a sterile container with a lid for collecting urine. First of all, you should wash your hands thoroughly and put all the equipment beside you. Don't touch the inside of the container when you open it. Sit on the toilet and widen the space between your legs. Clean your genital area with the wipes from the front to back and discard the used wipes then repeat this again with some new wipes. You need to hold open your labia to clean the opening of the urethra and its surrounding skin. Then you let the first part of urine go and then use the sterile container to collect about 30 to 50mls of the midstream urine. Once you collect the sample, pass the rest of the urine into the toilet. Cover the container with a lid and press the call bell then I'll be there shortly. Can you do this for me?
Anna:	Sure, let me repeat the instructions to you. You'll give me wet wipes and a container. Wash my hands first and get everything ready. Next, clean the area with the wipes twice from front to back while I'm holding down there. Pass the first part of the pee then use the container for my sample, which is about 30 to 50mls. Then let the rest of the urine go. Press the call bell once I finish everything. Am I right?
Jeanette:	Perfect. Just one thing, please do not touch the inside of the container.
Anna:	No, I won't touch it.
Jeanette:	I'll get the equipment for you now.

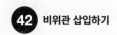

Nasogastric tube insertion

"The very first requirement in a hospital is that it should do the sick no harm."

– Florence Nightingale

Ryan:	Oh······my······this is awful. I feel like throwing up. Give me the sick bag.
Jeanette:	Here it is. Ryan, as you heard from the surgical team, you've got a post-op ileus which means your bowels are not working properly. That's why your abdomen is so bloated and you're very nauseous.
Ryan:	Oh bugger. I'm miserable. It's the second time.
Jeanette:	So, they asked me to insert a nasogastric tube which can decrease your abdominal pressure and eliminate your stomach contents. Have you had the tube before?
Ryan:	Yes, I have. It wasn't pleasant but I'll need it right now, do you reckon?
Jeanette:	Yes, I do.
Ryan:	I'm ready then. You're going to put the tube in through my nose, aren't you?
Jeanette:	You're right. I'll insert the tube through your nostril, and it will pass the back of your throat and then the oesophagus and finally, it will be positioned in your stomach. The gas and gastric contents in your stomach will be drained through the tube so that you'll feel less bloating and have less nausea and vomiting. But as you know, it won't be that pleasant as it stimulates your gag reflex and the thick tube might irritate the inside of your body all the way through.

Ryan: I understand that. Last time, when I had the tube, it was a shock but now I know what you're going to do.

Jeanette: Thank you Ryan for saying that. Let's start. Please sit right up for me. I'm going to measure the total length from the tip of your nose and then your earlobe to the xiphoid. Here we go and I need to mark it otherwise I might forget how far I need to insert the tube. Do you have a particular nostril for the tube insertion?

Ryan: No, I don't.

Jeanette: Have you had any history of nasal bleeding?

Ryan: Not that I know of.

Jeanette: Good, I'm going to lubricate the tube and that will help it go in smoothly. Please hold this cup of water and you need to swallow when the tube visibly reaches the back of your mouth. I will let you know when to swallow.

Ryan: Right.

Jeanette: I'm inserting it now. Sit right up.

Ryan: Um······

Jeanette: You're doing very well. Please open your mouth. I can see the tube is in the right position. While you swallow sips of water, I'll gently proceed further. Are you ready?

Ryan: Yes. (sipping the water)

Jeanette:	Swallow it now. Very good. Have one more sip.
Ryan:	(sipping the water)
Jeanette:	Swallow it again. We're almost there. One more to go. Sip the water and hold it for me.
Ryan:	(sipping)
Jeanette:	Swallow again. Perfect. Well done. We're done now. It's inserted well, and it's draining very well. Let me secure the tube so it won't be pulled out.
Ryan:	Thank you, Jeanette. It didn't hurt compared to the previous one.
Jeanette:	Good, I think you might have been more relaxed this time because you already knew what we were going to do. Ryan, how are you feeling now?
Ryan:	Not bad, apart from it tickling my nose but I'm alright.
Jeanette:	You've done very well. Usually, we arrange an X-ray to see whether the tube is well-positioned. I'll have a talk with the team and let you know when that's going to be. I'll ask them to prescribe a throat spray for you because the tube can cause pain at the back of your throat.
Ryan:	Thanks a lot.
Jeanette:	Not a problem. I hope you feel better with the tube.

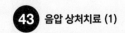

Negative Pressure Wound Therapy (1)

"May your scrubs be comfy, your coffee be strong, and your Monday be short."

– Anonymous

Jeanette:	Hi, Jeff. How's your day been going?
Jeff:	Hello, Jeanette. It's another busy day for me as usual.
Jeanette:	You look very tired. Are you okay?
Jeff:	You're right. I haven't had my lunch yet so I'm starving.
Jeanette:	It's 3 o'clock, Jeff. Oh no. Do you want me to make a cup of tea for you?
Jeff:	That's kind of you but I should take blood samples for Mr. Williams right now and then I might go to the café.
Jeanette:	Oh, sorry to hear that. Jeff, we just had an afternoon tea for Susan's baby shower. I'm sure there will be some food left for you. Go to our nursing office and have some.
Jeff:	May I? Actually, I should go and have some food now because my hands are too shaky with my low blood sugar.
Jeanette:	Yes, you should go and have some and then come back to me because I've got something to talk to you regarding Mrs. Ryan's wound dressing.
Jeff:	Sure. My brain will be working better after some goodies.
	(A few moments later)
Jeff:	Jeanette, how can I help you?

Jeanette:	Are you fully recharged?
Jeff:	Yep, my brain is working now.
Jeanette:	Great. Jeff, have you seen Mrs. Ryan's abdominal wound?
Jeff:	Sandra Ryan, who had an abdominal washout for an infected surgical wound yesterday?
Jeanette:	Yes, I'm talking about Sandra Ryan who's in Room 6. As you know she had a washout for her infected abdominal wound yesterday. I changed her dressing this morning as per the post-op plan. But I'm thinking she'll need a negative pressure wound therapy rather than a simple dressing. The wound is quite oozy and the pads I added were already soaked. The open wound is only held with several Steri-strips which are not strong enough to hold her big abdomen. I recommend the team consider a VAC dressing for her.
Jeff:	Um, I haven't seen her wound yet, and this morning we didn't have time to discuss whether the VAC dressing would benefit her wound healing.
Jeanette:	I measured the wound, which is 7cm in length, 5cm in width and 4.5cm in depth. She's bariatric so she'll need a proper dressing to close her wound properly otherwise it might be dehisced further and that's my concern.
Jeff:	Thank you for letting me know that. I'll discuss this with her surgical team now.

Jeanette: Great. Let me know as soon as you hear from them.

Jeff: Will do. Thank you for the food too.

Jeanette: Not a problem. We work together as a team.

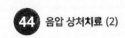

Negative Pressure Wound Therapy (2)

Jeanette: Hey Sandra. May I bother you?

Sandra: Hi Jeanette. You're not bothering me. Come in.

Jeanette: Thanks. What are you knitting?

Sandra: A mini blanket for my grandchild. My daughter said that she's 6 weeks pregnant.

Jeanette: Congratulations on being a grandma. Is it your first grandchild?

Sandra: No, it's the fifth one. I am a certified grandmother.

Jeanette: Yes, you're right. I like the colours and the patterns. It's so lovely.

Sandra: It's a bit early to knit this blanket but you know, I am too bored to do nothing, so I asked my man to bring my knitting kit.

Jeanette: That's a great idea. Hey, Sandra. I had a conversation with the house officer, Jeff about your wound dressing and suggested applying a negative pressure wound therapy called VAC dressing. It stands for Vacuum-Assisted Closure. Jeff phoned me just before to say that the surgical team is happy to apply the dressing for you. Have you heard of the VAC dressing before?

Sandra: Not at all. What on earth is that?

Jeanette: Do you remember the patient who was next door yesterday? He was discharged with a small machine.

Sandra: Yes, that was Chris. He had a special dressing on his leg. Is that the same dressing you're talking about?

Jeanette: Yes, it is.

Sandra: I was wondering about the dressing because he carried it like a handbag.

Jeanette: You have very good observation skills. The VAC dressing is used for many types of wounds. Usually, it's required for weepy wounds, chronic wounds such as leg ulcers, surgical wounds, some wounds in which the normal wound healing process is delayed or disturbed and even on skin grafts. It's versatile. Once the dressing is applied, the machine creates negative pressure on the wound which means the wound is actually sucked up by the machine with therapeutic pressure. The negative pressure helps wound healing by removing excessive exudate which can decrease swelling and pain and increase blood supply to the wound. It stimulates granulation tissue growth and helps the wound edges to be closed. The machine collects the exudate in its canister so we don't need to change the dressing frequently. We only need to change it every two or three days. It also protects the surrounding skin from being macerated or excoriated by a large amount of exudate.

Sandra: I remember that Chris's leg was black, so I thought he had a serious problem, like necrosis.

Jeanette: That was a black color form dressing like a sponge placed on the wound. There are several types of forms we can use depending on the kind of wound. There are numerous holes in the form and the negative pressure is still working on the wound through the fine holes and able to draw exudate from the wound.

Sandra: Oh my gosh, I totally misunderstood what he had.

Jeanette: That's alright. The good thing was he knew about the VAC.

Sandra: Are you going to do it now?

Jeanette: I'd like to know your thoughts first and if you're happy, we can do it soon. Here's an information brochure for you. If you have any questions, I'm here.

Sandra: If you think the dressing is good for me, I believe you, Jeanette. But one thing I'm concerned about is···is it painful?

Jeanette: According to my patients with the VAC, they usually say when the machine is turned on, you might feel uncomfortable. It might be painful when taking off the old dressing as some granulation tissue is stuck inside the forms. But we'll give you a generous dose of analgesia before changing the dressing and we'll also consider some barriers in between the wound and the form so we can easily remove the forms but maintain the negative suction.

Sandra: That sounds good to me. I'm scared to have pain and it drives me nuts.

Jeanette: You certainly shouldn't have that nasty pain. I'll ask Jeff to prescribe more analgesia and give it to you at least 30 minutes before the dressing. How about that?

Sandra: That sounds perfect.

Jeanette: Great.

Telephone conversation

"I'm a nurse. What's your superpower?"

– Anonymous

Margaret:	Good afternoon, Ward 24. You're speaking to ward clerk Margaret.
Sue:	Hello, Margaret. This is Sue speaking from the laboratory.
Margaret:	Hi, Sue. What can I do for you?
Sue:	Can I talk to the nurse who's looking after Christine Johnson about her potassium level?
Margaret:	Not a problem. Did you say, Christine Johnson?
Sue:	Yes, I did. Her hospital number is Alpha, Delta, Echo, nine, five, zero.
Margaret:	Thanks, she's Andrew's patient. He's in a family meeting now so he won't be able to take your call. Is it urgent? Would you like to leave a message for him?
Sue:	Um···it is urgent. Her serum potassium is high at 6.5 mmol/L.
Margaret:	Hang on a minute. Jeanette, are you the buddy for Andrew?
Jeanette:	Yep. What's up?
Margaret:	It's from the laboratory regarding Christine Johnson. Can you please take the call?
Jeanette:	Sure. Good afternoon. RN Jeanette speaking.
Sue:	Hi Jeanette. This is Sue from the lab. Are you looking

after Christine Johnson?

Jeanette: I'm Andrew's buddy nurse so I'm looking after his patients while he's in a meeting. How can I help you?

Sue: Christine Johnson's serum potassium level is 6.5mmol/L.

Jeanette: Oh, that is not good. Let's double-check her name and the hospital number. Can you please read it to me?

Sue: Christine Johnson, 85-year-old female. Alpha, Delta, Echo, nine, five, zero.

Jeanette: Yep, I've got it. Thank you for informing us. I'll do her ECG and page her house officer right now.

Sue: Brilliant. Can you tell me your full name?

Jeanette: It's RN, Jeanette Simson from Ward 24.

Sue: Thank you, Jeanette. Have a good day.

Jeanette: Same to you. Bye. Margaret, I paged Jeff so please let me know when he calls me. I'll be with Christine to check her ECG.

Margaret: No problem.

(After ECG)

Jeanette: Margaret, has Jeff rung?

Phone ringing···

| Margaret: | I bet this is from him. Ward 24, ward clerk Margaret speaking. |

Margaret: I bet this is from him. Ward 24, ward clerk Margaret speaking.

Jeff: Hi Margaret, Jeff speaking. Someone paged me about 10 minutes ago. Ah, it was Jeanette. Is she there?

Margaret: Yes, Jeanette's waiting for you. Hold on a second.

Jeanette: Hi, Jeff. How are you?

Jeff: Not bad. Yourself?

Jeanette: Good thanks. I paged you for Mrs. Christine Johnson. Her serum potassium is 6.5 mmol/L.

Jeff: That is high. Can you please do her ECG and I'll be there within 5 minutes?

Jeanette: It's been done already and I can see the T waves are slightly peaked compared to the previous ECG.

Jeff: Awesome, Jeanette. I'm on my way. See you soon.

Jeanette: Good. See you soon.

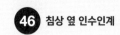

Bedside handover

Peter: The next and last patient I'm going to introduce is Chris who's in Room 3. Let's move on to him. His wife has been with him since this morning and she has learned about the PEG feeding and suction through his laryngeal stoma. She was keen to learn so I educated her and she's been doing great.

Jeanette: That's awesome you already started some education. Mary, I mean Chris's wife, asked me to teach how to suction and feed through a PEG tube yesterday. But I was so busy due to Mrs. Hyde's post-op bleeding and I had to send her to the operating theatre urgently. It was chaos from the beginning of my shift.

Peter: I heard that you were very busy with the emergency. You did well.

Jeanette: It was quite a mess to be honest, but today is a new day.

Peter: Great resilience. Here they are. Hi, Chris and Mary. How are you guys? It's time for a bedside handover already.

Jeanette: Good afternoon, Chris and Mary. I'm back. This is Sophie, she's a second-year nursing student and she'll be working with me for the next several weeks.

Sophie: Good afternoon, Mr. and Mrs. Raynor. My name is Sophie, as Jeanette said. I'm a second-year nursing student. Nice to meet you both.

Mary: Nice to meet you too, Sophie. I'm Mary and this is my husband, Chris. He's waving his hands. You know he can't talk.

Peter: As usual, we're going to do a handover. Chris, would you mind Sophie joining this handover? We're going to talk about your conditions including your wound and the PEG tube.

(Chris is writing something on a whiteboard)

Jeanette: "Glad to meet you, Sophie. Welcome to the jungle and I don't mind" Oh, Chris, don't scare her. I'll look after her safely in this jungle.

Sophie: Thank you Mr. Raynor and I'll be sticking to Jeanette 24/7.

Peter: Right, as you know, Chris had a laryngectomy and it's day two post-op. He has been doing very well. The ENT team saw him and changed the tracheal tube to this laryngeal tube this morning. The suture lines on the neck dissection and the laryngectomy stoma were cleaned after the doctors' round and there are no infection signs. The laryngeal tube has been cleaned several times with multiple deep suctions and the vocal prosthesis is visible and patent. The secretion was quite thick so I have used the humidifier while he's in the bed, but you can change to an HME cassette when mobilizing.

Let's have a look at his vital signs. As you can see, his observations have been fine and within the normal ranges. He is on strict nil by mouth until the swallowing test, so his regular medications were given through the PEG tube. Chris, let me show your feeding tube to Jeanette. Thanks. The tube is patent and flushed with warm water every 4 hours and the next due is 4 pm. The PEG stoma site was cleaned with sterile normal saline because there were some crusts around and it looks good now with no infection signs. The tube is movable inward and backward as it should be. The feeding is running at 100ml per hour. It will run intermittently from 12 pm to 8 am. The new bag was put up at midday and will run until 8am tomorrow morning and then he will have a 4 hour break from the feeding. He's been tolerating this rate so far.

In terms of mouth care, he brushed his teeth independently and spit out all stuff after that as he's nil by mouth at the moment. He has been mobilized around the ward with Mary and I think he can go a little bit further this afternoon. Um···that's all about him. Is there anything I've missed?

Jeanette:	Just one thing, we haven't seen his vocal prosthesis yet. Let's have a look.
Peter:	You're right. Chris, can we have a look at your neck? Thanks. I'm going to remove the laryngeal tube and it might irritate your neck or trigger you to cough. Thanks. Jeanette. Here it is. Can you see it?
Jeanette:	Yep, all clear for me. Thank you, Peter. Right. Chris, we'll come back to check your vital signs within 10 minutes. Is there anything I can do for you before I leave?
	(Chris is writing) "I'm fine. Take your time."
Jeanette:	Here's your bell. Please use it if you need us then we'll come back to you immediately.
Peter:	All good? I'm going home. Have a good afternoon, Chris and Mary and I'll see you tomorrow. Have a good shift, Jeanette, and Sophie.
Jeanette:	Thanks, Peter. Enjoy the rest of your day. Bye.

"It is not how much you do, but how much love you put in the doing."

– Mother Teresa

Conversation with a nursing student (1)

Jeanette: Sophie, let's go back to the nursing station to make plans for our patients.

Sophie: Ah, okay.

Jeanette: Are you alright? You look quite pale. Would you like to sit on the chair?

Sophie: I'm fine. I just feel overwhelmed. I learned the anatomy of the respiratory system and pathophysiology of laryngectomy last semester and I reviewed the contents for this placement. But it's difficult to match what I have learnt with the real situations. I feel like I went blank.

Jeanette: You're such a good student. Would it be helpful for you if I explain laryngectomy and the nursing care for Chris in more detail?

Sophie: It would be much appreciated if you would do that for me.

Jeanette: Right, you told me that you reviewed what you learned about laryngectomy and its anatomy, didn't you? Can you tell me what laryngectomy is?

Sophie: Okay, first of all, the larynx is part of the respiratory tract between the pharynx and the trachea. It contains the vocal cord, epiglottis, thyroid gland and um··· some cartilage. If patients have cancer in the larynx, surgeons remove the larynx partially or totally and it's called laryngectomy.

Jeanette: That's correct. Basically, a patient with a laryngectomy cannot talk as they've lost their vocal cord so effective communication is imperative. We can use various tools to communicate effectively such as pen and paper, a whiteboard, or some mobile devices for writing, as well as eye contact. Even if they need nurses urgently, they cannot yell out for help. That's why we must ensure they know how to use their call bell and it should be placed close to them so they can use it at any time. The good thing is they will be able to communicate in different ways. Do you remember the vocal prosthesis inside his laryngectomy stoma?

Sophie: Do you mean the thing Peter showed us after removing the laryngeal tube?

Jeanette: Yes, that's it. Chris will be talking using the vocal valve once the stoma is healed well. The one-way vocal valve is placed between the trachea and the oesophagus. When the stoma occludes, the exhaled air will pass through the valve from the trachea to the oesophagus. When the air moves through the oesophagus, it vibrates the tissue and makes a sound. That is how Chris will be talking using the vocal valve.

Sophie: That is amazing.

Jeanette: Then let's talk about how Chris takes breaths.

Sophie: Well, he would breathe through the laryngectomy stoma.

Jeanette: Good girl. He can't take breaths through the normal pathway. I mean through his nose. When you inhale air via your nose, your nose not only helps you smell but it also moistens and warms the inhaled air. The hairs inside of the nose catch some foreign particles from the air so your body will be protected. There are incredible functions of our nose whether we realise this or not but Chris has lost these functions forever. Therefore, we provide the humidifier to moisten and warm the air he takes in and to support his respiratory system until he gets used to his changed body system.

Sophie: Ah-ha⋯I knew the functions of the nose but I couldn't connect all of these things together. It's fascinating, Jeanette. What about the tube⋯called⋯PE? Pig.. tube? Why does he have this tube?

Jeanette: It is a PEG tube. It stands for percutaneous endoscopic gastrostomy. We provide adequate nutrition through the tube. The tube was inserted directly from the abdominal wall to the stomach so the nutritional supplements can be delivered directly to the stomach instead of passing through the mouth and oesophagus. Chris is not able to eat and drink in the normal way until the wound inside is healed well and this has to be confirmed by the swallowing test. However, adequate nutritional support is very important for patients with cancer. That's why he has the PEG tube. In terms of nursing care of the tube, nurses should monitor patients' fluid balance carefully and maintain the tube patent as well as the PEG tube stoma care.

Sophie: Wow, everything you explained is fascinating and incredible. All parts of the procedures and nursing care are evidence-based. How are you guys managing everything?

Jeanette: I just explained briefly. There are more things I would like to talk to you about but I don't want you to be frightened beforehand. You can't learn everything at once but little by little, through trial and error and ongoing reflection with passion. Take it easy, Sophie.

Sophie: I see what you mean. Thank you so much, Jeanette.

Jeanette: All good then. We'd better hurry now otherwise we might do overtime.

Conversation
with a nursing student (2)

Jeanette: Sophie, how's your day going?

Sophie: Good, thanks. Honestly, I'm so relieved compared
              to last night, and I'm even feeling some excitement.
              I was so nervous and worried until this morning
              because my classmates who already finished the
              surgical placement last term had scared me. They
              said the surgical ward is extremely hectic and
              complicated. But I find it's great. I mean there are so
              many great things that I can learn, and it makes me
              super excited even though I know nothing yet.

Jeanette: Somehow, I agree with your classmates because I did
              think so when I was new. But it's very rewarding when
              my patients are improving with my care. Anyway, it's
              good to hear that you're enjoying this placement so
              far. Let's see what's next for us. Also, please don't
              hesitate to ask questions otherwise I may not notice
              what you don't know or what you want to learn. I
              think you'll have thousands of questions.

Sophie:	I have got one thing that I would like to ask.
Jeanette:	What's that?
Sophie:	It's about the ECG. When Mr. Brown complained of chest pain you took an ECG for him, didn't you? The situation looked quite urgent, so I didn't have the chance to ask you some questions. The machine looked extremely complicated to use with so many lines.
Jeanette:	Yes, it was an urgent situation, so I had to solve the problem first. I would've explained about the ECG and how to take it if it wasn't such an urgent situation. But why not? We can talk about it now.
Sophie:	Really?
Jeanette:	Sure, we've got 20 minutes before the hourly vital sign check for Sandra. Tell me what you know about ECG.
Sophie:	Well, ECG stands for electrocardiography and it shows patients' heart rhythms so doctors and nurses use the ECG to investigate what kind of heart conditions patients have.
Jeanette:	Excellent. ECG is one of the most valuable and frequently used diagnostic methods when patients have cardiac problems. When your heart is pumping, electrical currents are created by the act of the pacemaker in your heart. Normally the electrical shocks travel throughout the heart following the sinoatrial node, atrioventricular node, the bundle of

His and to the Purkinje fibres in that order. Through the electric activities in your heart, your heart keeps contracting and relaxing which means your heart ejects oxygenated blood to the body and receives deoxygenated blood from the body. An ECG machine can monitor and record the heart's electrical currents through the electrodes attached to the patient's skin at different angles. We use a standard 12-lead ECG and it shows the heart rhythms in 12 different views via the electrodes placed on each of the upper and lower extremities and on the patient's chest wall. That's how we can see which part of the heart has a problem.

Sophie: Wow, that's interesting. I just wonder whether I understand what you explained well. So···the electrodes work like a camera. Am I right?

Jeanette: You're correct. It acts like a video camera. An ECG shows the electrical activities as waveforms and there are three basic components: the P wave, QRS complex and the T wave. Am I going too deep for you?

Sophie: No, I'm alright. I studied this myself but it was quite difficult to understand. But your explanation really helps me a lot. Please carry on if you don't mind.

Jeanette: Absolutely. I don't mind but I need to stop myself when I'm super excited about teaching something otherwise I tend to go too far. Where were we?

Sophie: You said the P, QRS and T waves.

Jeanette:	The P wave tells us that an electric shock generated by the Sinoatrial node travels through the atriums which means the atriums of the heart are contracted. The QRS complex represents the shock that passes through the ventricles following the AV node, the Bundle of His and to the Purkinje fibres in which the ventricles are contracted. The T wave is different. It shows the ventricles' relaxation after contraction. In other words, each set of the PQRST waves shows us each part of the heart pumping. When any parts of the heart are not working properly, the ECG waveforms would show you abnormal or strange waves such as irregular intervals, elevated or converted, etc. You'll have a better understanding when you take a real ECG and see the rhythms.
Sophie:	Are there any resources about ECG so I can study more? I've scribbled down what you said but It would be helpful if I had something to read.
Jeanette:	We've got guidelines regarding the ECG in our hospital. They'll give you more information. When we have a chance to take an ECG, I'll show you how to and you might try it the next time.
Sophie:	That sounds exciting. Thank you, Jeanette.
Jeanette:	Not a problem. Come with me. I'm going to find the guidelines for you.

Problem-solving with a colleague (1)

"I think one's feelings waste themselves in words; they ought all to be distilled into actions which bring results."

– Florence Nightingale

Jeanette:	Hi Anna. How's your day going?
Anna:	All good (short and stiffly).
Jeanette:	Oh, that's good. How is Mr. Hugh? He was my patient yesterday so I was thinking of him and wondering whether he's better.
Anna:	He's all good. Do I have to tell you about my patients?
Jeanette:	I didn't mean that, Anna. Of course, you don't need to talk about your patients with me and I believe they are all good with you. Anna, are you okay? I think you look quite upset with me.
Anna:	I am fine. (big sigh) I'm sorry if I make you annoyed.
Jeanette:	No, Anna, that's not a problem with me. I just wonder if there might be something I can help you with. Please let me know if there's anything. Also, if there's anything you want to talk to me about, tell me and I'll be happy to listen.
Anna:	Thanks. Um... do you have time now?
Jeanette:	Of course. How can I help you?
Anna:	It might seem very strange to you but it would be better to talk to you. Do you hate me?
Jeanette:	Pardon?
Anna:	Since I started working here, I've felt like you don't like me.

Jeanette: Oh my. That's nonsense, Anna. You're such an intelligent and good nurse in our ward. I was your preceptor and I think we're lucky to have you with us. Where did you get this idea from?

Anna: It was just a thought. Do you remember the incident that I had when I was new? It was a drug error in which I gave the wrong medication to the wrong patient.

Jeanette: Yes, I do remember. It was two years ago. Any problem with the incident?

Anna: No. I had to do all the assessments again with you to prove I followed the drug administration guideline. But after the incident, I think you were disappointed with me or maybe you weren't sure about me.

Jeanette: Anna, I'm sorry that you've had that feeling for 2 years. You have performed safely and competently over that time. I've never thought of you in that way but wondered why you're cold toward me sometimes. Was I too hard on you during the assessments?

Anna: No, you were supportive but it was just how I felt. I made a silly and careless mistake although I had experience in another hospital.

Jeanette: I might've been a bit serious about that incident and hard on you too. As you know, nurses must not make any drug errors but they can happen despite our efforts. It's not only toward you, Anna. I am very strict on myself and on the other nurses too to avoid mistakes. Since that mistake, I have observed you and you have been extra careful when checking patients' medications and their identity, haven't you?

Anna: Yes, I have. I reflected on that incident seriously.

Jeanette: You've been doing so well and I've heard constructive comments about you from colleagues and patients. I'm proud of you and it was a privilege that I was your preceptor. It's quite a shock that you misunderstood me.

Anna: I didn't know that you thought of me in a good way. I'm sorry for the misunderstanding. I think I was disappointed in myself because I wanted to impress you and show you who I was.

Jeanette: Oh Anna. If I knew how you felt earlier, we could've solved the problem much sooner. But it's not too late. You've been a valuable member of our team and I am so happy to work with you.

Anna: Thank you for saying that and my sincere apologies.

Jeanette: Apology accepted. Please don't hesitate to talk to me next time.

Anna: I will. Phew, I'm so relieved.

Conflict solving with a manager (2)

	Knock, knock.
Kate: (Charge Nurse)	Come in.
Jeanette: (RN)	Hi Kate. Sorry to interrupt.
Kate:	You're fine. Come in and grab a seat.
Jeanette:	Thanks. I won't bother you too much.
Kate:	Absolutely no problem. I'm going to make a cup of coffee. Would you like one? I can make one for you.
Jeanette:	Just a cup of tea with a little bit of milk, please.
Kate:	No sugar?
Jeanette:	I've had enough sugar today.
Kate:	Fair enough. Here it is.

Jeanette:	Thank you. Mmm..it's so good.
Kate:	Right, Jeanette. What can I do for you?
Jeanette:	Well, I've pondered seriously whether I should bring this issue to you or not and I decided to come to you to solve it before it's too late.
Kate:	You're scaring me. What's made you so serious?
Jeanette:	You know, I've been a hand hygiene auditor in our ward for years now.
Kate:	Yes, I know and appreciate your contribution very much.
Jeanette:	I don't do this task to brag about it but for the patients' safety, the quality of nursing care and my personal interest in regard to infection control. That's why I've been doing it voluntarily. I've encountered frequent moments in which Andrew didn't follow the hand hygiene guideline properly, so I've reminded him of its importance and gently recommended that he follow the protocols.
Kate:	Can you give me some examples of what you have observed?
Jeanette:	Sure. He frequently misses a hand wash before patient touch and before the procedure. For example, Andrew went to Brian in Room 3 in order to give him IV antibiotics. I was expecting he would use either an alcohol hand gel or wash his hands. Suddenly he picked up a piece of a dressing that had fallen off

of Brian's leg ulcer and discarded it in the rubbish bin then he was going to give Brian the intravenous injection without washing his hands. You know, when I do the audit, I try to only observe people unless I feel I need to intervene. This was one of those situations. I gently called him outside of the room and reminded him about hand hygiene. But I could see he was upset with me. With my advice, he did use the alcohol gel before giving the injection. But he came to me after that and almost yelled at me while pointing his finger saying that I embarrassed him in front of his patient and he would have used the gel if I hadn't disturbed him. I was in shock.

Another example happened last month. He used the same gloves while he looked after his patients. I told him to take off the gloves and wash his hands as he should use new gloves each time. He frowned at me so I saw he was obviously unhappy. Apart from these examples, I've seen him performing care with poor hand hygiene other times. I used to give him advice and recommendations but it doesn't seem to be working well for him, and he's angry at me now so I need your help.

Kate: That's not nice. I can see how stressed you would be.

Jeanette: Yes, Kate. It's very unpleasant to have conflict with my colleagues, and it's even more stressful when I need to bring something to you that I can't deal with because I feel like I'm telling on them or something. I feel like I'm betraying my colleagues.

Kate: Jeanette, you shouldn't feel that way. I can see you're doing the right thing. Auditing is an important way to monitor and maintain the standard of nursing for patients' safety. Following our hospital policies and guidelines is one of the significant legal and professional responsibilities of RNs. Also, it's our ethical responsibility to do good without causing harm to our patients. I take this as an urgent and serious issue we must deal with, and Andrew should be accountable and responsible for his practice.

Jeanette: Thank you for saying that I'm doing the right thing.

Kate: I'm not saying this to comfort you but also to ensure our registered nurses' competencies. Right, I appreciate that you came to me about the issue and I'll deal with it from here.

Jeanette: Thanks a lot, Kate. I hope it won't be disadvantageous to him.

Kate: Don't worry about it, Jeanette. Just relax.

"Live life when you have it. Life is a splendid gift – there is nothing small about it."

– Florence Nightingale

한글해석본

1. 출근 첫날, 엘리베이터에서

팀: 실례합니다만 엘리베이터 좀 잡아 주시겠어요?

세라: 그럼요. 어디로 가세요?

팀: 7층이요. 고마워요.

세라: 별말씀을요. 저도 같은 층으로 가는걸요.

팀: 한 번도 못 뵌 것 같은데 어디서 일하세요? 중환자실 아니면 외과 병동?

세라: 외과 병동에서 일하게 된 신규 간호사예요. 오늘이 첫 출근이고요. 아차, 저는 세라라고 합니다.

팀: 만나서 반가워요. 저는 팀이고요. 저는 이 병원에서 7년 정도 오더리로 일하고 있고 지금은 이 세탁물을 중환자실에 배달 중입니다.

세라: 만나서 반가워요, 팀.

팀: 그나저나 제가 세라 씨의 출근 첫날 만난 첫 직장 사람인가요? 그럼 저는 운이 좋은 사람이네요.

세라: 맞아요. 당신이 제가 처음 만난 분이네요. 사실 제가 더 운이 좋은 사람인걸요. 안 그래도 얼마나 긴장을 했는지. 반갑게 맞아주셔서 기분이 훨씬 나아졌어요.

팀: 괜찮을 겁니다. 외과 병동 모든 사람들이 다 반갑게 맞아 줄 거예요.

세라: 정말 그랬으면 좋겠어요. 어, 벌써 도착했네요. 굉장히 빠른데요. 제가 버튼 누르고 있을 테니 먼저 내리세요.

팀: 고마워요. 오늘 하루 좋은 일만 있길 바랍니다. 다음에 또 봐요.

세라: 네 다음에 뵈어요. 즐거운 하루 보내세요.

2. 병동에서의 첫날

세라: 저 실례합니다. 저는 세라라고 하는데요. 수잔 수간호사님을 찾고 있어요.

제인: 아, 당신이 세라 씨군요. 안녕하세요. 저는 여기 병동 사무원 제인이라고 합니다. 안 그래도 수선생님께서 오늘 신규간호사 한 분 오실 거라고 해서 기다리고 있었어요. 수선생님은 지금 사무실에 계십니다. 함께 가시죠.

세라: 감사합니다.

제인: 근데 밖에 아직 비가 오나요?

세라: 네, 근데 흩뿌리는 정도예요. 일기예보상으론 오늘 아침 중으로 그친다고 하던데요.

제인: 아 제발 좀 그랬으면 좋겠네요. 3일 동안 엄청 쏟아부었잖아요. 꼭 하늘에 구멍이라도 난 것처럼. 어쨌든, 다 왔네요. (똑똑) 수선생님! 우리가 기다리던 신규 간호사, 세라 선생님 왔어요.

수잔: 오, 세라 선생님. 신세계에 오신 걸 환영합니다. 고마워요 제인 씨. 이제부턴 내가 안내할게요.

제인: 네, 조금 있다 봐요, 세라 선생님. 우리 수선생님이 힘들게 하면 알려 줘요.

세라: 감사합니다. 이따 뵐게요.

수잔: 들어와서 앉으세요. 어떻게 지내셨나요?

세라: 음, 솔직히 말씀드리면, 안 그러려고 노력했는데 좀 많이 긴장되고 떨렸어요. 그래서 간밤에 잠도 많이 설쳤고요. 근데 지금은 훨씬 나아졌어요. 사실 그러지 않아도 되는 걸 왜 그렇게 걱정을 했나 싶기도 해요.

수잔: 그렇다니 다행이네요. 사실 내가 신규였을 때도 그랬어요. 벌써 25년 전 일인데도 선명하게 기억나요. 출근 첫날 긴장하는 사람은 세라 선생님만은 아니랍니다. 우리가 세라 선생님을 잘 신경 쓸 거예요.

세라: 그렇게 말씀해주셔서 정말 감사합니다.

수잔: 제가 맞는지 확인해 주세요. 한국에서 오신 거죠? 외국에서 오신 분들을 하도 많이 면접을 봤더니 좀 헷갈리네요. 혹시 틀렸다면 미안합니다.

세라: 선생님 기억이 맞아요. 저는 한국에서 왔어요. 그 많은 사람들의 정보를 다 기억하는 건 정말 어려운 일인 것 같아요. 저한텐 사람들 이름 기억하는 것도 정말 쉽지 않은걸요.

수잔: 무슨 말인지 알아요. 그럼 우린 둘 다 비슷한 거네요. 지금쯤 거의 인수인계할 시간이군요. 인계하기 전에 낮 근무하는 간호사들에게 세라 선생님을 소개해 주고 싶은데 괜찮을까요?

세라: 그럼요. 저도 그분들 얼른 만나고 싶어요.

수잔: 그럼 가 볼까요?

3. 휴식 가기 전에 하는 인수인계

세라: 멜리사 선생님, 저 지금 잠깐 쉬고 오려고 하는데요. 제가 모닝티 하는 동안 제 환자분들 좀 부탁드려도 될까요?

멜리사: 그럼요. 쓸 종이 좀 가져올게요. 조금만 기다려 주세요. 네, 준비됐습니다. 어떤 환자분들 보셨나요?

세라: 7번 방에 계신 분들 모두요. 7-1에 계신 스미스 씨 는 게실염으로 입원하셨어요. 잘하고 계셔서 오늘 중으로 퇴원하실 거예요. 부인 되시는 조 씨가 12경에 데리러 오실 거예요. 제가 휴식 끝나고 와서 퇴원설명서와 처방전을 드릴 거예요. 7-2에 계신 21살 롭 존스 씨는 우측 신장 쪽 통증으로 어젯밤에 입원하셨어요. 10점 중에 5 정도로 좀 많이 아파하셔서 30분 전에 정맥주사로 몰핀을 드렸어요. 지금은 괜찮아 보입니다. 좀 전에 활력징후 체크했는데 모두 다 정상이었고 통증도 2로 줄어들었어요. 아침에 비뇨기과 팀이 왔다 갔는데 오후에 수술 여부 고려하고 있더라고요. 그래서 일단은 금식 중이세요. 통증이 좀 가라앉은 동안 좀 씻고 싶어 하셔서 일단 정맥주사는 중단해 놓은 상태입니다. 혹시나 아침에 수술 갈지도 몰라서 수술에 필요한 서류들은 다 준비해 놓은 상태인데 아직 수술방에서 연락받은 것은 없습니다.

멜리사: 준비를 잘해 놓으셨네요. 그럼 나는 수술 준비에 대해선 아무 걱정 안 해도 되겠네요.

세라: 사실은 지난 일로 배웠어요. 제 환자분이 그렇게 빨리 수술방에 가실 줄 모르고 있다가 급작스럽게 준비하느라 아주 혼이 났거든요. 다시는 그런 일을 겪고 싶지 않더라고요.

멜리사: 아주 잘하셨어요. 다음 환자분은 누구세요?

세라: 다음 분은 7-3에 계신 85세이신 앤드류 팔머 할아버지. 왼쪽 발에 당뇨성 궤양이 생기셔서 입원하셨어요. 평상시에 모든 일을 독립적으로 잘하시는 분이십니다. 교체해야 될 오래된 드레싱이 아직 발에 있는 것을 보실 텐데요, 제가 휴식 끝나고 10시경에 씻는 것 도와드리고 드레싱 교체할 거라고 침상 옆 인수인계할 때 할아버지와 계획을 짜 놓았어요. 화장실 가시려는지만 잘 눈여겨봐 주세요. 보행기 때문에 도움이 필요하실 겁니다. 호출벨을 옆에다 놓아 드렸으니 도움 필요하시면 누르실 거예요.

멜리사: 그분 발에 있는 상처 때문에 격리해야 하는 것은 아닌가요?

세라: 맞아요. 일단은 7번 방에서 그분을 따로 격리하고 있었는데 격리실 3번 방이 준비되면 바로 그 쪽으로 옮겨
드릴 거예요. 지금 3번 방에 계신 제니 씨가 곧 퇴원할 거거든요. 그리고 마지막 환자분은 7-4에 있는 아주 젊은
17살 에릭이에요. 어제 오후에 맹장수술을 했는데 아파서 그런지 좀처럼 움직일 생각을 안 하네요. 진통제는
처방된 대로 다 주었고 침대 밖으로 좀 나오라고 격려했는데, 걸으면 아플까 봐 그런지 엄청 겁을 내고 있어요. 수술
부위는 깨끗하고 잘 붙어 있는데 말이죠. 정말 좀 움직여야 하는데, 좋은 생각 있으세요?
멜리사: 음… 활짝 웃으면서 최선을 다해 볼게요. 아마도 전형적인 이 "엄마" 얼굴로 말하면 좀 알아듣지 않을까요?
세라: 이상입니다. 고마워요.
멜리사: 휴식 잘하고 오세요.
세라: 좀 있다 뵈어요.

4. 휴식 중
에바: 세라 선생님, 오늘 하루 일과는 어떠신가요?
세라: 살짝 바쁘긴 하지만 나쁘진 않아요. 지금 휴식할 수 있다는 게 아주 좋네요. 엄청 배고팠거든요. 아까 로슨 씨
아침 식사 도와드리는데 배에서 계속 꼬르륵 소리가 나서 정말 민망했어요.
에바: 평상시에 아침 잘 챙겨 드시나요?
세라: 가끔요. 아침 먹으려고 일찍 일어나는 것보다 좀 더 자는 게 좋아요. 그리고 전 괜찮았거든요. 근데 오늘은
정말 이상한 날이었어요.
에바: 냄새가 아주 좋은데 뭐 싸 오셨어요? 오, 스시인가요?
세라: 스시 종류라고 할 수 있겠지만 일본 스시랑은 좀 달라요. 하나 드셔 보실래요?
에바: 그래도 돼요? 고마워요. 우리 식구들은 정말 스시 좋아하는데 우리가 배불리 먹긴 좀 비싸더라고요. 와
맛있다. 어, 스시랑은 맛이 좀 다른데요. 참기름 향도 좀 나고 색깔이 아름답네요. 안에 든 게 뭐예요?
세라: 우린 이것을 김밥이라고 부르고요. 스시같이 생겼지만 밥을 참기름과 참깨 그리고 소금으로 간을 했어요.
일본 스시는 설탕과 식초가 중요하게 들어가지만 그런 건 넣지 않았고요. 계란, 단무지 그리고 여러 가지 채소들을
넣고 김으로 돌돌 감싸는 거예요. 이 김밥 한 줄만 먹으면 맛은 물론이고 영양소도 골고루 섭취하니 일석이조인
거죠.
에바: 사실, 집에서 김밥 한번 만들어 봤는데 정말 가관이었어요. 끈적이는 밥을 도대체 어떻게 해야 하는지 알
길이 없어서 계속 물을 묻혔더니 재료들이 다 축축해지고, 이렇게 설명하는 것보다 더 난감한 수준이었답니다. 내가
유튜브에서 찾은 레시피였고 따라 하기 쉬워 보였죠..
세라: 에바 선생님은 나한테 한국 음식 강의 좀 받으셔야겠는데요. 제가 요리 좀 하는데 원하시면 도와드릴게요.
에바: 진짜요? 신난다. 약속한 거예요?
세라: 그럼요. 보여 드리고 싶네요. 확신하건대 선생님은 분명히 좋아하실 거예요. 그런 의미로 마지막 남은 김밥은
에바 선생님께.
에바: 어우~ 고마워라. 아니라고 하고 싶지만 거절할 수가 없어요.

5. 투약할 때
세라: 안녕하세요. 그린 씨. 오늘 오후에 당신을 간호하게 된 세라라고 합니다. 좀 어떠신가요?
스티브: 안녕하세요. 세라 선생님. 저는 좋습니다. 그냥 스티브라고 부르세요. 저를 미스터라고 부르면 뭐가 문제가
있나 하는 생각이 들거든요.
세라: 알겠습니다. 스티브 씨. 항생제 주사 드릴 시간이 곧 되어서요.
스티브: 맞아요. 낮 번 지미 간호사님이 말해 주었어요. 오후 3시 반경이라고 했는데, 맞죠?
세라: 네 아주 잘 알고 계시네요. 일단 제가 다른 환자분들께도 인사하고 3시 30분에 맞춰 주사 드리러 올게요.
괜찮으시겠어요?
스티브: 좋습니다. 아무 데도 안 가고 있을 테니 이따 뵈어요.

세라: 감사합니다. 혹시 아픈 곳은 있으세요? 진통제가 필요하실까요?

스티브: 아까 지미 선생님이 점심시간 즈음에 약 주셨는데 효과가 나는 거 같아요. 괜찮을 것 같아요.

세라: 그럼 좋습니다. 좀 이따 뵐게요.

시간이 좀 흐른 후, 항생제 주사 투약 시

세라: 스티브 님, 주사 드리려고 왔어요.

스티브: 오셨어요? 어디 안 가고 얌전히 있었습니다.

세라: 그러신 거 같아요. 오구멘틴이란 항생제를 정맥 주사를 통해 드릴 거예요. 아시다시피 폐렴 때문에 8시간마다 항생제 주사를 맞고 계셨어요. 많이 좋아지셔서 내과팀이 먹는 항생제로 바꿀 것인지 고려 중이랍니다. 주사 드리기 전에 혹시 질문이 있으신가요?

스티브: 아뇨. 명확히 이해했습니다.

세라: 그럼 성함과 생년월일을 말씀해 주시겠어요?

스티브: 65살 스티브 그린입니다. 1953년 6월 23일에 태어났고요. 그러고 보면 아직 젊은 나이네요.

세라: 그럼요. 아직 충분히 젊으세요. 환자분 아이디 팔찌 좀 볼까요. 성함… 생년월일… 환자번호…. 네 다 맞네요. 혹시 무슨 알러지 같은 게 있으신가요?

스티브: 아니요. 아침에 지미 간호사가 주신 주사랑 같은 약을 주실 건가요?

세라: 네 맞아요. 아침에 맞으실 때 어떠셨나요?

스티브: 아무 문제없었어요.

세라: 좋습니다. 항생제 주사 드리기 전에 이 정맥 캐뉼라가 막히진 않았는지 생리식염수를 먼저 주사할 거고요. 문제없으면 곧이어 항생제 주사 드리고 다시 생리식염수로 마무리할 것입니다.

스티브: 네, 선생님께서 알아서 해주세요.

세라: 주사 드리는 동안 혹시 아프거나 불편하시면 말씀해 주세요. … 자 다 끝났습니다. 괜찮으셨어요?

스티브: 선생님께서 워낙 조심스럽고 꼼꼼하게 해주셔서 좋았어요.

세라: 스티브 씨 감사합니다. 30분 안에 활력징후 체크하러 다시 올게요. 그 전에 필요하시면 호출벨을 눌러 주세요.

스티브: 바쁘실 텐데 방해 안 하고 싶은데요. 고맙습니다. 세라 선생님.

6. 공공장소에서 생긴 응급상황

산드라: 저기요, 괜찮으세요. 제 말 들리세요? 아저씨? 눈 좀 떠 보세요. 어쩌나, 반응이 없으시네. 저기요. 거기에 계신 분. 성함이 어떻게 되세요?

피터: 아, 피터라고 합니다.

산드라: 피터 씨, 전화기 가지고 계신가요?

피터: 네 갖고 있어요.

산드라: 111에 전화해서 앰뷸런스 부탁하고 여기 플라자에 있는 푸드코트에 쓰러지신 분이 있다고 알려 주세요. 그런 다음 제게 상황 말씀해 주세요. 그렇게 해주실 수 있나요?

피터: 네 그럼요. 지금 바로 111에 전화하고 바로 다시 올게요.

산드라: 감사합니다. 피터 씨. 거기 파란 셔츠 입으신 분, 성함이 어떻게 되시나요?

마이크: 저는 마이크라고 합니다.

산드라: 마이크 씨, 안내 데스크에 가셔서 제세동기 있는지 물어보시고 있으면 바로 갖다주실 수 있나요?

마이크: 네 알겠습니다.

산드라: 고마워요. 여기 혹시 저랑 같이 심폐소생술 하실 수 있는 분 있나요?

피터: 제가 할 수 있어요. 그리고 앰뷸런스 오고 있답니다.

산드라: 좋습니다. 이분께서 숨을 쉬지 않고 있어요. 제가 흉부압박 30번 하고 두 번 호흡을 할게요. 그렇게 두 번을 한 후 당신께서 손 바꿔 주실 수 있나요?

피터: 네.

산드라: 고마워요. 하나, 둘, 셋. 넷 … 서른. 두 번 호흡 … 하나 … 둘 ….

7. 안전을 위해 목소리 높이기

제니: 안녕하세요, 수 선생님. 8-3호실에 계신 마가렛 간호하시나요? 그분 좀 안 좋아 보이시던데요.

수: 네, 내 환자예요. 한 10분 전에 보고 왔는데 그 전이랑 똑같으시던데요. 항상 아프다고 하시니까. 아시다시피 많이 불안해하시는 분이잖아요.

제니: 지난 이틀 오후 근무 동안 제가 돌봐 드렸는데 그땐 저렇지 않으셔서요. 우리 함께 괜찮으신지 보고 올까요?

수: 제니 선생님, 제가 그분 잘 알아요. 10분 전에 보고 왔다니까요. 괜찮으세요. 제니 선생님, 별로 안 바쁘신가 봐요? 별걸 다 신경 쓰시는 거 보면.

제니: 저 바빠요, 수 선생님. 근데 저분께서 좀 안 좋아지시는 것 같아 염려되어 그럽니다.

수: 제니 선생님, 저 지금 신규 환자 입원시키는 중이거든요. 그 후에 가 볼게요. 그리고 저 이 외과 병동에서 10년 동안 일하면서 그런 환자분 많이 간호했어요. 저는 제가 뭘 하는지 잘 알아요.

제니: 보세요. 저 이거 많이 염려돼요. 제가 틀릴 수도 있겠고 선생님께서 이 병동에서 경험이 많으시다는 거 알아요. 그렇지만 좀 멈춰서 그분이 괜찮은지 확인해 봐야 된다고 생각해요. 그게 안전한 방법이고요.

수: 도움은 고마운데 저 진짜 바쁘거든요. 그분 간호사, 저예요. 제니 선생님 아니고. 가셔서 선생님 환자분들 보세요. 다른 환자 신경 쓰지 마시고요.

제니: 제 말에 동의 안 하신 거 아는데요. 만약 그분이 저희 어머니라면 이렇게 도움 구하는 거 주저하지 않을 거예요. 만약 그래도 안 들으시면 수간호사 선생님께 말씀드릴 겁니다.

8. 활력징후 체크하기

사만다: 좋은 아침이에요, 팀, 안녕히 주무셨어요?

팀: 안녕하세요, 샘 간호사님. 밤 번 간호사 샌디 덕분에 아주 잘 잤어요. 샌디 간호사가 준 귀마개 덕분에 옆의 환자분 코 고는 소리로 방해 받지 않았어요. 제 삶의 구원자 같더라고요.

사만다: 잘 주무셨다니 제가 더 기쁘네요. 지금 활력징후를 체크해도 될까요?

팀: 그럼요. 제가 확신하는데 혈압이 어제보다 훨씬 좋게 나올 거예요.

사만다: 어디 한번 볼까요? 제가 혈압계 커프로 팔을 좀 감쌀 거고요. 아마 좀 단단히 조이는 느낌이 드실 거예요. 이 산소농도계는 손가락에 놓을게요.

팀: 네, 진짜 좀 조이는 느낌이 나네요.

사만다: 평상시보다 더 조이는 것 같은가요?

팀: 아뇨, 괜찮아요.

사만다: 오래 걸리지 않을 거예요. 다 되었네요. 혈압은 125에 75입니다. 맥박수는 86회고요. 둘 다 정상범위에 있고요. 산소 포화도가 93퍼센트군요. 팀, 허리를 세우고 바로 앉아서 심호흡 몇 번 해보실까요?

팀: 네, 어떤가요?

사만다: 아주 잘하셨어요. 자 이 산소 포화도 숫자가 보이시나요? 지금은 98 퍼센트예요.

팀: 그게 의미하는 바가 뭔데요? 숫자가 클수록 좋은 건가요?

사만다: 이 산소농도계는 당신 몸속의 산소 포화도를 나타내 주는 거예요. 건강한 사람에겐 95퍼센트 이상의 숫자가 나와야 정상이지만 여러 상황에 의해서 이 숫자가 영향을 받을 수 있어요. 예를 들어, 통증이 있거나, 누워 있거나 하면 폐가 제대로 확장되지 않아서 당신 몸에 충분한 산소가 공급되지 않을 수 있어요. 그렇게 된다면 이 산소 농도계는 낮은 숫자를 보여 주지요. 하지만 똑바로 앉아서 심호흡을 한다든지, 기침을 하거나 걸어 다니면 쉽게 이 문제를 해결할 수도 있답니다. 그래도 여전히 문제가 해결되지 않는다면 당연히 이유가 무엇인지 좀 더 찾아야겠지요.

팀: 이 작은 장치가 그런 일을 하는진 몰랐네요. 참 똑똑한 녀석인데요.

사만다: 고막 체온계로 체온을 재 볼 건데요. 귀를 제 쪽으로 돌려 주시겠어요? 감사합니다. 36.8도로 정상이네요.
팀: 저는 열이 나 하고 생각했어요.
사만다: 어디가 불편하세요? 열감이나 식은땀 같은 게 있으셨어요?
팀: 농담이에요. 이 작은 장치가 하도 똑똑해서 아주 영감을 받은 거 같았거든요.
사만다: 저는 제 환자분의 건강 상태에 무척 심각하게 반응한답니다. 토마스 씨. 통증은 좀 어떠세요? 0에서 10으로 본다면 통증 수치가 얼마 정도 될까요? 만약에 0이면 하나도 안 아프신 거고, 10이면 가장 심하게 아프신걸 뜻해요.
팀: 음… 이렇게 쉬고 있으면 안 아프고요, 기침하거나 움직이면 한 2 정도로 아픈 거 같아요.
사만다: 좋네요. 울렁거리진 않으세요?
팀: 아니요, 지금은 다 사라졌어요.
사만다: 다행입니다. 배변 활동은 어떠세요?
팀: 항상 규칙적입니다. 그래서 별 걱정 안 해요.
사만다: 모든 활력징후가 좋네요. 아침 약 가지고 30분 안에 다시 올게요. 그리고 아침 식사가 곧 시작될 거 같아요. 세안을 하고 싶으신가요? 원하시면 따뜻한 물수건 좀 갖다드릴게요.
팀: 네 좋아요. 고마워요.
사만다: 제가 나가기 전에 뭐 더 필요한 거 있으세요?
팀: 괜찮아요. 고맙습니다.

9. 입원사정

루비: 안녕하세요, 세바스찬 씨. 당신을 간호하게 된 루비입니다. 오늘 아침은 어떠세요?
지미: 안녕하세요, 루비 간호사님. 지미라고 합니다. 드디어 병동으로 올라왔네요. 응급실에서 한참을 기다리느라 아주 지쳤어요. 병동으로 올라오기까지 얼마나 오래 걸리던지. 아주 진이 다 빠져 버렸어요.
루비: 그렇게 힘드셨다니 정말 유감입니다. 엄청 피곤하셨을 거예요. 응급실이 밤새기에 좋은 장소는 아니죠.
지미: 맞아요. 아주 혼났어요.
루비: 응급실은 항상 응급조치가 필요한 많은 분들로 붐비고 많은 일들이 일어나는 곳이지요. 거기 계신 분들이 얼마나 지치고 힘드실지 상상이 됩니다. 그래도 지미 씨는 지금 여기 계시네요. 입원조치 때문에 몇 개의 서류작업을 좀 해야 하는데 괜찮으시겠어요?
지미: 응급실 간호사님들과 의사 선생님들께서 많은 질문을 하셔서 반복적으로 대답했는데 혹시 또 같은 질문을 하실 건가요?
루비: 그렇지 않길 바라요. 누군가가 같은 걸 계속 묻는다면 정말 귀찮을 수 있겠어요. 그렇지만 좀 더 다르게 생각할 수도 있지요. 병원에는 같은 이름과 생년월일을 가진 사람들이 엄청 많아요. 저희가 혼동을 예방하려고 여러 번 확인하지만 그래도 사고가 생길 수 있답니다.
지미: 동의합니다. 저를 귀찮게 하시려고 물으시는 게 아니라 안전하게 하시려고 그러는 거죠. 제가 좀 부정적으로 굴어 미안합니다.
루비: 아닙니다. 이해합니다. 그럼 입원조치를 위해서 질문 몇 가지 해도 될까요?
지미: 그럼요.
루비: 그럼 기본적인 사항부터 할게요. 성함과 생년월일을 말씀해 주세요.
지미: 지미 세바스찬입니다. 1978년 12월 24일 생이고요. 씨티은행에서 일하고 있고요.
루비: 직업이 무엇인지 물어보려던 참이었는데 벌써 대답해 주셨네요. 감사합니다. 크리스마스 이브에 태어나셨어요? 크리스마스 선물과 생일 선물 많이 받으시고 아주 복을 많으신 받으신 분이시네요.
지미: 제 생일 덕분에 선물 좀 많이 받고 자랐지요.
루비: 저도 그런 특별한 생일이 있었으면 좋겠네요. 누구랑 살고 계세요?
지미: 제 배우자와 12살 아들, 두 딸 그리고 털북숭이 2마리하고 살아요. 개랑 고양이요.

루비: 대가족이네요. 그럼 배우자께서 보호자가 되시겠네요? 그렇다면 보호자분 연락처가 어떻게 되세요?

지미: 제 배우자를 제 보호자로 넣으시면 됩니다. 이름은 샐리 스미스고요. 이 병원에서 사회사업가로 일하고 있어요. 전화번호는 012-345-6789입니다. 그녀는 아이들 학교 데려다주고 올 거예요.

루비: 샐리 스미스 씨요? 그분 누군지 알아요. 여성외과 병동에서 일하시는 거 맞죠?

지미: 맞아요. 거기서 한 10년 정도 일했네요. 그래서 제가 행동을 좀 잘 했어야 했네요.

루비: 그런 걱정 하지 마세요. 샐리 씨가 연락이 안 닿을 수 있으니 혹시 다른 보호자분 연락처를 알 수 있을까요?

지미: 우리 형, 존이요. 여기 타운에 살고 있으니 우리 형이 저의 다른 보호자가 될 수 있겠네요. 전화번호가 021. 잠깐만요. 예전엔 전화번호도 잘 외웠는데 지금은 스마트폰 때문에 영… 찾았어요. 전화번호는 021-987-45612입니다.

루비: 알겠습니다. 자, 병원에 오시게 된 이유를 말씀해 주시겠어요?

지미: 음… 지난 금요일부터 몸이 좀 안 좋았어요. 친구들과 저녁을 좀 과하게 먹어서 그런지 체했나 하고 생각했고 그 후로부터 아프기 시작했어요. 또 토요일엔 저희 막내딸 생일잔치를 하느라 샐리와 제가 좀 바빴거든요. 계속 속이 울렁거리고 오른쪽 위 쪽으로 통증이 있어서 몸이 안 좋았어요. 지난밤에 두 번에 걸쳐 구토를 하고 통증이 점점 더 심해지더라고요. 혹시 식중독에 걸렸나 싶고 가족들한테 옮길까 염려되어서 결국 어제 응급실로 가게 된 거죠. 근데 제 담낭에 담석이 있는 걸 발견했고 오늘 그걸 떼어내야 한다네요.

루비: 지난 주말을 힘겹게 보내셨군요. 과거 병력이 있으신가요?

지미: 아뇨, 저는 좀 건강합니다. 이번이 제가 처음으로 병원에 입원한 것이죠. 나이가 점점 들어가나 하는 생각에 마음이 좀 그렇습니다.

루비: 이해가 되지만 또 한편으론 그동안 건강하셨다는 것은 정말 축복받으신 거라고 생각해요.

지미: 맞아요. 제가 그런 말 하는 것은 좀 아니지요.

루비: 통증에 대해서 좀 더 설명해 주시겠어요?

지미: 응급실 간호사가 몰핀인가 하는 약을 준 후로는 통증은 없어요.

루비: 몰핀 맞아요. 약 차트에 쓰여 있네요.

지미: 그 약 덕분에 지금은 통증이 없어요. 근데 곧 통증이 다시 찾아올 거예요. 제 위의 오른쪽 부위로 날카로운 것으로 찌르는 듯하며 지속적인 통증입니다. 사실 통증이 있으면 숨쉬기도 힘들어요. 정말 겁이 나더라고요.

루비: 그런 통증 다시 느끼지 않도록 정기적으로 진통제를 드릴 거예요. 대소변 활동은 어떠세요?

지미: 매일 아침 규칙적으로 대변 봐서 문제없고 소변도 문제없습니다. 근데 응급실 간호사가 얼음이나 물 조금씩 해서 입 축이는 거 말고는 금식하라고 했어요. 그래서 오늘 응급실에 있는 동안에 대변은 못 보고 소변만 두 번 보았어요.

루비: 아시다시피 오늘 수술 예정이시라 기본적으로 금식하셔야 해요. 근데 입 축이는 정도의 물과 얼음은 괜찮아요. 제가 곧 정맥 수액을 드릴 예정입니다. 제 질문에 답해 주셔서 감사해요. 환자복으로 갈아입으시겠어요?

지미: 정맥 주사 맞기 전에 샤워 좀 할 수 있을까요? 제 몸에서 냄새 나는 것 같아요.

루비: 그럼요. 일단 가시기 전에 활력징후랑 몸무게 좀 재고 그렇게 하세요. 깨끗한 수건용품도 갖다드릴게요.

지미: 고맙습니다. 근데 환자복 말고 그냥 제 파자마 입어도 될까요? 진짜 환자처럼 보이긴 싫거든요.

루비: 별 문제 안 됩니다. 그래도 수술 가시기 전엔 환자복으로 갈아입으셔야 할 거예요.

지미: 네 그렇게 할게요.

10. 수술 전 사정

루비: 지미 씨, 방금 전 수술방에서 연락이 왔는데 오늘 1시에 수술 예정이시랍니다.

지미: 좀 무섭네요. 그래도 가능하면 빨리 하는 게 낫겠죠.

지미: 응급실에서 이미 수술 동의서에 서명하신 거 압니다. 그래도 어떤 일이 생길지 정확히 이해하는 게 중요하거든요. 혹시 뭔가 석연치 않거나 질문 사항이 있으면 도와드릴게요. 어떻게 생각하시나요?

지미: 전 괜찮아요. 어제 응급실에서 의사 선생님이 잘 설명해 주셨고 오늘 아침에 담당 교수님 만났어요. 그 인도

교수님… 쿠마 교수님인가? 그분께서 명쾌하게 설명해 주셨어요.

루비: 네 좋습니다. 저희한테 담석에 관한 설명서가 있는데 드릴까요?

지미: 어제 응급실 간호사님께서 주셔서 받았어요. 그것과 같은 거지요?

루비: 네 맞아요. 혹시 질문이 있거나 도움이 필요하시면 주저 말고 말씀해 주세요. 이 병원에서 환자분들은 자신들이 어떤 치료를 받는지 정확히 설명 들을 권리가 있답니다.

지미: 고마워요. 혹시 저 수술 끝나고 돌아오면 제 배우자에게 전화해 주실 수 있을까요? 우리 아이들 때문에 저 수술하는 동안 같이 있을 수 없거든요.

루비: 물론입니다. 회복실에서 돌아오시면 배우자님께 알려 드릴게요. 혹시 저 퇴근 후에 병동으로 올라오실 수 있으니까 다음번 간호사 메리에게 배우자님께 전화하라고 인계를 해놓을게요. 어떠세요?

지미: 좋습니다. 정말 감사합니다.

루비: 수술 가시기 전에 몇 가지 질문을 하고, 두 가지 용액으로 피부 반응 검사를 좀 해야 해요. 하나는 요오드, 나머지 하나는 클로헥시딘입니다. 수술하기 전에 감염을 막기 위해서 의사 선생님께서 이 용액 중 하나로 피부를 소독할 거예요. 괜찮으시면 이 용액들을 조금씩 양팔 안쪽에 각각 묻힐 거예요. 조금 차갑게 느끼실 수도 있고요. 만약에 따갑거나 아프거나 아니면 간지럽거나 아니면 불편감이 있으시면 말씀해 주세요. 반응검사 하기 전에 혹시 알러지 같은 것 있으세요?

지미: 아뇨 전혀 없습니다.

루비: 네 그럼 시작할까요? 이미 알고 있지만 그래도 성함과 생년월일 다시 확인 부탁드립니다.

지미: 네 아시다시피 제 이름인 지미 세바스찬이고 1978년 12월 24일생입니다.

루비: 환자분 아이디 팔찌에 글자들 모두 정확한가요?

지미: 네 모두 정확합니다.

루비: 마지막으로 뭔가를 드신 게 언제인가요?

지미: 지난 토요일에 딸아이 생일에 칩스 몇 개랑 케익 한 조각 먹었고 그런 다음 아파서 응급실 왔어요. 그 후론 고형식은 먹은 게 없고 응급실과 여기 병동에 와서 물 몇 모금과 얼음 반 컵 정도 먹은 게 다입니다. 조금 전에 얼음 한 조각 남은 거 다 먹었어요.

루비: 네 좋습니다. 수술 2시간 전까진 아직 얼음 몇 조각과 물 조금은 마셔도 돼요.

지미: 근데 수술 전에 금식하는 게 중요한가요?

루비: 대단히 중요합니다. 만약에 위가 비어 있지 않으면 기도 삽관할 때 구토를 할 위험이 있고 기도로 흡인이 되어서 호흡기 문제가 발생할 수도 있어요. 정상적으로 음식을 드시면 소화를 돕기 위해서 담낭에서 담즙을 배출하게 됩니다. 담즙은 주로 지방을 소화를 돕게 되고 기름진 음식을 드시면 담낭이 일을 더 많이 하게 되는 거죠. 그래서 담석이 있는 환자분들은 기름진 음식을 드신 후에 더 많은 통증을 경험하게 된답니다. 그래서 주로 금식을 하라고 권유하는 거고요.

지미: 그렇군요. 왜 금식하라고 했는지 이해가 됩니다. 배고프다고 불평불만 그만해야겠어요. 고등학교 다닐 때 생물학 공부 좀 더 잘할 걸 그랬습니다.

루비: 그러려면 기억력이 엄청 좋아야 할 텐데요. 혹시 악세사리나 피어싱 같은 거 있으세요?

지미: 아뇨, 없습니다.

루비: 보청기나, 콘택트렌즈나 틀니 같은 것은요?

지미: 없습니다. 가끔 안경을 쓰긴 하는데 응급실로 급하게 오느라 가지고 오지 않았습니다.

루비: 아침에 샤워하셨으니까 이 부분은 그냥 체크할게요. 수술가운으로 갈아입으셔야 할 거예요. 자 여기 있습니다. 이 질문들 끝나면 갈아입으시겠어요?

지미: 네 그럴게요.

루비: 거의 다 되었습니다. 피부 반응검사 느낌은 어떠세요?

지미: 어? 반응검사를 했는지도 몰랐네요… 저한테는 전혀 문제없는 것 같군요.

루비: 좋습니다. 그럼 음성으로 체크할게요. 다 되었습니다. 이제 수술실에서 전화 오기만 기다리면 되겠군요. 뭐

다른 것 필요한 것 있으세요?

지미: 아뇨 지금은 없습니다. 고맙습니다.

루비: 그럼 쉬고 계세요 지미 씨. 뭔가 필요한 게 있으시면 호출하세요.

11. 동료와의 대화 (1)

마가렛: 다음에 할 일이 뭐지? 음… 파커 씨 혈당 모니터링이구나. 어제 벤 선생님이 그분을 간호했네. 오, 저기 오네. 안녕하세요, 벤 선생님. 최근에 새집 사셨다면서요?

벤: 안녕하세요, 마가렛 선생님. 네 맞아요. 새라하고 지난달에 방 4개짜리 집 샀어요. 돌아오는 월요일에 이사 갑니다. 정말 신나요. 지금은 주방 쪽에 페인트칠 하고 있어요. 그래서 제 머리카락에 하얀 페인트가 묻어 있어요.

마가렛: 아하 그렇구나. 난 또 나처럼 흰머리인가 했네요. 이렇게 젊은 나이에 벌써 집을 사다니 대단하네요. 가족들은 모두 새집을 즐거워하겠어요. 그나저나 어제 파커 씨 간호하셨지요? 그분 스스로 혈당 모니터링 하는 거 어떠세요?

벤: 제가 임상노트에도 썼듯이 엄청 잘하세요. 그분은 혈당체크 기계, 란셋, 브로슈어 등등 필요한 건 다 갖고 계시고요. 배우는 것에 적극적으로 임하시고 얼마나 독립적으로 잘하시는지 곧 보게 될 거예요.

마가렛: 훌륭하네요. 알려 줘서 고마워요. 지금 만나 뵈러 가려는 중이랍니다. 어쨌든 페인트칠 잘하시고 무리하지 마세요.

벤: 거의 다 마무리되어 가고 있어요. 이번 크리스마스에 동료를 모두 초대하려고 하는데 시간 비워 두세요.

마가렛: 어머나 세상에. 고마워요.

12. 혈당 모니터링을 위한 교육

마가렛: (똑똑) 파커 씨, 들어가도 될까요?

파커 씨: 들어오세요. 마가렛 간호사님. 이쪽은 제 아내 마가렛 파커입니다. 여보, 이분이 내 간호사님, 마가렛.

파커 부인: 존, 그만 놀려요, 우리 이미 안면 있다고요.

마가렛: 저는 파커 씨 농담 재미있어요. 병원에서 일하면 때때로 농담도 필요한 거 같아요.

파커 씨: 봤지 여보? 나 잘하고 있는 거잖아.

파커 부인: 에고, 말해 뭐해.

마가렛: 두 분 함께 보니 반갑네요. 다시 일로 돌아가서. 혈당체크하는 거 어떠세요? 벤 간호사가 아주 잘하신다고 하던데요.

파커 씨: 시간 딱 맞춰 오셨어요. 지금 막 체크하려던 참이었는데. 거의 저녁 식사 시간이네요, 그렇죠? 벤 간호사님이 매 식사 전과 식후 2시간 후 그리고 취침 전에 혈당체크하라고 했거든요. 제 말이 맞죠?

마가렛: 네 맞습니다. 어떻게 하실 건지 좀 보여 주시겠어요?

파커 씨: 물론이죠. 내 간호사님이 나를 테스트할 거니까 이 설명서를 놓고 해야겠군요.

마가렛: 정말 준비를 잘하셨군요. 시험 보는 거 아니고 그냥 보러 온 거니까 여유 있게 하세요.

파커 씨: 저는 이 작은 혈당 기계와 란셋, 그리고 약간의 거즈가 있습니다. 손은 간호사님 오기 바로 씻었고요. 그렇지, 마가렛? 제 아내가 증인입니다.

파커 부인: 맞아요. 비누로 잘 씻었고 그 후론 아무것도 만지지 않았어요.

파커 씨: 이 기계에 스트립 하나를 꽂으면 준비 완료입니다. 란셋의 끝부분을 제거하고 바늘 길이를 조절해야 너무 깊이 찌르지 않을 수 있어요. 이번엔 가운데 손가락을 해볼까요. 손가락을 잘 눌러 짜서 피 한 방울이 나오면 닦아냅니다. 혈당검사를 위해서 다시 한번 피를 짠 후 피가 스트립 끝에 살짝 묻히도록 해줍니다. 자 볼까요. 혈당은 5.5로 정상범위에 있네요. 그런 후 이 란셋은 날카로운 물건 버리는 통에 잘 버립니다.

마가렛: 와, 정말 정확하고 세밀하게 잘하셨어요. 괜찮으시다면 질문 하나 해도 될까요?

파커 씨: 제가 시험 보는 거라고 말했죠? 옛날 여자친구 관련된 질문만 아니라면 다 물어보세요. 안 그러면 제 아내한테 꼬집힐 수도 있어요.

파커 부인: 그만 하세요 (웃으면서)

마가렛: 이런, 테스트를 하려고 한 건 아닌데요. 솔직히 파커 씨 과거는 별로 캐고 싶지 않네요. 그냥 침묵 속에 잘 묻어 두세요. 혈당체크 하기 전에 왜 손을 씻어야 하는지 그 이유를 말씀해 주시겠어요?

파커 씨: 아하, 그거 왜인지 알아요. 그건 잘못된 결과를 미연에 방지하려는 이유입니다. 예를 들면, 만약에 제가 쿠키 한 조각을 먹었다면 제 손가락에 설탕이 묻어 있을 수 있고 그게 혈당수치에 영향을 미쳐서 잘못된 결과를 보여 줄 수도 있거든요. 사실 이거 그 브로슈어에 다 적혀 있었고 어제 벤 간호사가 벌써 물어본 거예요. 이거 부정행위 아닙니다.

마가렛: 아주 잘 답해 주셨어요. 절대로 부정행위 아닙니다. 파커 씨께선 혈당체크를 어떻게 하는지 설명서대로 아주 정확하게 잘 보여 주셨어요. 또 혈당의 정상범위도 알고 계신 점은 참 인상적이었고요. 앞으로 간호사의 도움 없이 혈당체크하시는 것에 대해 어떻게 생각하시나요?

파커 씨: 저 혼자 충분히 할 수 있다고 확신합니다. 만약에 문제가 있다면 도움을 요청할게요.

마가렛: 아주 좋습니다. 내일은 혹시 경험하실 수 있는 저혈당 관련된 정보와 어떻게 대처하는지에 대해서 교육을 좀 드리고 싶은데요. 어떠세요?

파커 씨: 네 좋아요. 그래도 오늘 그것과 관련된 브로슈어를 좀 받을 수 있을까요? 제가 읽는 것을 좀 좋아합니다.

마가렛: 그럼요. 갖다드릴게요. 그래도 급하지 않게 여유를 갖고 하세요. 아시다시피 당뇨는 평생 같이 하셔야 하니까요. 가기 전에 백 점 만점에 백 점의 점수를 드릴게요. 정말 훌륭하셨어요.

파커 씨: 내일 시험도 기대하겠습니다. 고마워요. 마가렛 간호사님.

13. 소변줄 제거하기

산드라: 안녕하세요, 마리 씨. 안녕히 주무셨나요?

마리: 안녕하세요, 산드라 선생님, 네 아주 잘 잤어요. 집에서는 자는 동안 화장실 가느라 몇 번씩 깨곤 했었는데 이 소변줄 덕분에 화장실 갈 필요가 없어서 아주 잘 잤어요.

산드라: 잘 주무셨다니 기쁘네요. 근데 어제 부인과 선생님들이 오셔서 하신 말씀 기억하세요?

마리: 음 … 이 소변줄 제거하는 거 말씀이신가요?

산드라: 네 맞아요. 어제도 이야기했듯이, 괜찮으시다면 소변줄을 곧 제거할 것입니다. 사실 어제 제거했어야 했거든요. 근데 마취에서 아직 깨지 않으셔서 일어날 때 많이 어지러워하셨잖아요. 그쵸?

마리: 네, 어젠 정말 제가 아니었어요. 얼마나 울렁거리고 어지럽던지. 배 아픈 건 그다지 나쁘지 않았는데 그 울렁거림은. 감사하게도 오늘은 훨씬 좋아요.

산드라: 좋습니다. 소변줄 제거하자마자 화장실 가셔야 할 거라서 소변줄 제거하기 전에 화장실까지 걸으실 수 있는지 확인해야 해요. 임상노트에 보니까 어젯밤에 화장실 스스로 다녀오셨다고 되어 있는데요.

마리: 맞아요. 어제 오후에 천천히 병동 주변을 몇 번 걸었고 오늘 아침엔 대변보러 화장실에 다녀왔어요.

산드라: 잘하셨네요. 그럼 별로 문제가 없겠네요. 그럼 지금 해도 될까요?

마리: 네 물론입니다. 제가 뭘 해야 하는지 말씀해 주세요.

산드라: 소변줄을 빼면 정상적으로 소변을 보시는지 확인하는 게 정말 중요해요. 그래서 제거하기 전에 방광 안에 따뜻한 생리식염수 300mls 정도 넣을 것이고 화장실로 가서 바로 소변을 보시도록 할 거예요.

마리: 그럼 소변볼 때 얼마나 나왔는지 측정을 해야 하나요?

마리: 맞아요. 소변보실 때 이 작은 대야를 사용하셔야 얼마나 보셨는지 측정을 할 수가 있어요.

마리: 일이 꽤 되네요.

산드라: 너무 부담 느끼진 마세요. 마리 씨. 제가 어떻게 하는지 잘 알려 드릴게요. 그럼 지금 해도 될까요?

마리: 전 개의치 않습니다.

산드라: 고마워요. 가장 먼저 방광 안으로 생리식염수를 넣고 소변줄 끝에 있는 풍선에 든 물을 빼야 해요. 환자분께서 호흡을 들이마시고 내쉬는 동안 소변줄을 천천히 잡아당겨 제거할 것입니다. 물 빠진 풍선 때문에 소변줄을 빼는 동안 좀 불편하실 수도 있어요. 그렇지만 오래 걸리지 않을 겁니다. 여기 대야가 있어요.

마리: 그러면 화장실을 갈 때마다 이 대야들로 측정을 하는 거군요.

마리: 맞아요. 두 번째 소변보신 직후엔 초음파로 방광 부분을 살펴볼 건데요. 방광에 얼마나 많은 소변이 남아 있는지 보는 거예요. 만약에 아무 문제 없이 각각의 잔뇨량이 금방 보신 소변량의 절반 정도로 적거나 200mls보다 적으면 퇴원하실 수 있어요. 그러는 동안 점심시간까지 한 2리터 정도의 충분한 물을 마셔야 합니다.

마리: 할 수 있어요. 물 좀 많이 마시거든요.

산드라: 좋아요. 그럼 제가 잠깐만 시간을 주세요. 필요한 것 챙겨서 다시 올게요.

마리: 네, 문제없습니다.

(몇 분 후)

산드라: 마리 씨, 계세요? 어디 가셨지?

마리: 산드라 선생님, 가고 있어요. 죄송해서. 물통에 물 좀 채우러 갔어요. 정오까지 물 2리터 마시라고 하셔서.

산드라: 고마워요. 내가 물통 갖다드리려고 했는데.

마리: 자, 제가 뭘 하면 되죠?

산드라: 제가 커튼을 치는 동안 침대 위에 누워 주세요. 서두르지 않으셔도 됩니다. 시작하기 전에 이것에 관해서 뭔가 염려되는 게 있거나 아님 제가 염두에 둬야 할 것이 있나요?

마리: 아뇨. 저 준비됐습니다.

산드라: 좋아요. 제 허리 다치지 않기 위해서 침대를 제 허리 높이로 올릴게요. 충분히 높은 것 같군요. 지금 불편하지 않으시죠?

마리: 네 좋아요.

산드라: 그럼 저 손 씻고 장갑을 낄게요. 엉덩이를 살짝 들어 주실까요? 밑으로 방수포를 깔겠습니다. 자 양 무릎을 구부려 주세요. 좋습니다. 사생활 보호를 위해서 이 천으로 좀 덮어 드릴게요. 좋습니다. 고마워요. 잠금장치를 떼어낼 거예요. 이건 소변줄을 고정하던 거예요. 뗄 때 아프시다면 제제로 안 아프게 떼어 드릴게요.

마리: 아뇨, 안 아파요. 다리털 제모를 하곤 해서 이 정도 아픈 건 아무것도 아니에요.

산드라: 그럼 문제없네요. 자 지금부터 이 소변줄을 통해서 생리식염수 300mls를 주입할 거예요. 미지근한 온도니까 갑자기 차갑게 느껴지진 않으실 거예요. 천천히 주입하고 있습니다. 어떠세요?

마리: 금방 화장실 가고 싶은 느낌인데요.

산드라: 거의 다 됐어요. 풍선에 있는 물을 빼고 있고요. 천천히 소변줄을 당깁니다. 다 됐어요. 잘하셨어요. 소변줄 잘 제거되었습니다.

마리: 이거 참 기분이 이상하네요. 그래도 뭐 해야 될 일이니까요.

산드라: 맞아요. 소변줄을 오래 갖고 계실수록 소변줄로 인한 감염이 생길 확률이 높아요. 아주 잘하셨어요. 제가 주변 정리를 좀 할게요.

마리: 지금 화장실 다녀올까요?

산드라: 네, 서두르지 마세요. 침대를 좀 낮게 내릴게요. 침대에서 껑충 내려 뛰실 필요 없거든요.

마리: 휴, 완전 급한데요. 일 다 보면 호출할게요. 근데 이 대야 어디에다 놓아 둘까요?

산드라: 호출하시면 제가 바로 갈 테니 걱정 마세요. 좀 있다 봐요.

14. 잔뇨량 체크를 위한 방광스캔

수잔: 실례합니다.

피터: 안녕하세요. 무엇을 도와드릴까요?

수잔: 저는 수잔이라고 합니다. 저희 엄마는 캐서린 레이드이시고 5호실에 계세요. 오늘 오후에 어느 분이 저희 엄마를 간호하시나요? 엄마와 관련해서 말씀드릴 것이 있어요.

피터: 확인해 보겠습니다. 케이트 간호사군요. 케이트가 담당 간호사인데 지금은 다른 환자분 모시러 회복실에 내려갔어요. 곧 돌아올 거예요. 아차, 저는 피터입니다. 이 병동 수간호사고요. 제가 뭐 도와드릴 건 없나요?

수잔: 고맙습니다. 저희 엄마가 오랫동안 화장실을 가지 않으셔서 좀 걱정입니다. 지난밤에 응급실에 같이 있었는데

아직까지 소변보러 한 번도 안 가셨어요. 화장실 가고 싶으시냐고 몇 번 여쭤봤는데 번번이 괜찮다고만 하세요. 예전에 폐렴으로 내과 병동에 입원하셨을 때도 좀 비슷한 상황이었거든요. 엄마 방광이 꽉 찼는데도 요의를 전혀 못 느끼셨어요. 그래서 결국 소변줄을 하셨어요. 그래서 이번에도 비슷한 상황이 아닌가 하여 많이 걱정이 됩니다.

피터: 들어 보니 뭔가 조치가 필요한 것 같군요. 케이트 간호사 오기 전에 제가 한번 가서 볼게요. 말씀해 주셔서 감사해요. 일단 응급실 차트 얼른 읽고 가 볼 테니 잠시만 시간을 주세요.

수잔: 감사합니다. 저 커피가 너무 마시고 싶어서 그러는데 카페에 얼른 다녀올게요. 10분 안에 올게요. 저희 엄마께는 벌써 말씀드렸어요.

피터: 걱정 마시고 충분히 시간을 보내고 오세요. 수잔 씨. 종종 센 카페인이 필요할 때가 있죠. 커피 맛있게 드시고 오세요. 그리고 잠시 후에 다시 만나요.

수잔: 고마워요. 금방 다시 뵈어요.

피터: 안녕하세요. 레이드 부인. 저는 피터라고 하고 이 병동 수간호사입니다. 잠시 들어가도 될까요?

캐서린: 누가 나한테 이야기하는 건가요?

피터: 캐서린 씨. 어떠세요?

캐서린: 미안한데 잘 안 들립니다. 저기 서랍에 있는 내 보청기 좀 주시겠어요.

피터: 여기 있어요. 잘 들리세요?

캐서린: 아하, 잘 들립니다. 근데 이름이 뭐라고 했죠?

피터: 저는 피터 클라크라고 하고요. 이 병동 수간호사입니다. 좀 전에 따님을 만났는데 어머니께서 아직까지 화장실을 가지 않으셔서 많이 걱정하고 있어요.

캐서린: 수잔이요? 수잔은 내 막내둥이 딸이죠. 내가 자식이 다섯 명이 있는데 4명은 사내 녀석들이고 딸 하나죠. 수잔 말고 다른 애들은 다 영국에서 살아요. 수잔이 항상 나를 돌봐 주고 있어요.

피터: 따님이 얼마나 엄마를 챙기는지 알겠어요. 역시 딸이 있으면 참 좋아요. 그쵸?

캐서린: 그럼요. 나랑 우리 바깥양반이 한 일 중에 제일 잘한 일이 우리 딸을 낳은 거죠.

피터: 가슴이 훈훈해지는데요. 그나저나 캐서린 씨, 화장실 가고 싶다거나 오줌이 막 마렵거나 그렇지 않으세요?

캐서린: 음… 아뇨. 괜찮은데요.

피터: 언제 마지막으로 화장실 다녀왔는지 말씀해 주세요.

캐서린: 가만 보자… 어제 응급실에서 화장실 갔다 오고, 그쵸? 아, 수잔이 나 화장실 안 갔다고 했죠? 그럼 그 애 말이 맞을 거예요. 우리 딸은 나에 대해서 다 알거든요.

피터: 그런 것 같아요. 캐서린, 방광에 소변이 얼마나 있는지 알아보고 싶어요. 괜찮으시면 당신 배를 스캔해서 소변이 얼마나 있는지 봐야 할 것 같아요.

캐서린: 무슨 말 하는지 알아요. 지난번에 내과 병동에서도 그 간호사가 그렇게 했지요. 얼마나 웃기던지. 그 간호사가 내 배에 아들인지 딸인지 한번 보자고 그러더라고요. 뭐 소변만 가득했지만. 그거랑 똑같은 거 하려고 하는 거지요?

피터: 잘 기억하고 계시네요. 맞아요. 사실 엄마 배 속에 아기를 보는 방법이랑 좀 비슷한데 이번에는 당신의 방광을 보는 거죠. 그 스캔을 어떻게 했는지 좀 더 말씀해 주실 수 있나요?

캐서린: 내 배 위에다 젤 같은 것을 바르고 손잡이 같은 것으로 이리저리 왔다 갔다 하더니 내 방광이 가득 찼다고 하고는 소변줄이 필요하다고 했지요.

피터: 그게 제가 지금 설명해 드리려고 하던 겁니다. 아주 명확하게 잘 기억하고 계시네요. 그럼 제가 스캔하는 거 괜찮으시겠어요?

캐서린: 그럼요. 아들인지 딸인지 어디 한번 봅시다. 우리 수잔 같은 딸이면 더 좋고요.

피터: 뭔가를 발견하면 알려 드릴게요. 방광 스캐너를 갖고 올 테니 잠시만 기다려 주세요.

피터: 캐서린. 저 피터입니다. 여기 스캐너 가지고 왔어요. 아, 수잔, 왔네요? 향기가 좋네요. 역시 우리 카페 커피 참 괜찮아요.

수잔: 네 맞아요. 엄청 행복하네요. 긴장이 풀리는 것 같아요.

피터: 즐길 자격이 됩니다. 자 그럼 커튼을 좀 칠까요. 수잔, 어머니 방광을 좀 스캔을 하는 게 좋겠어요. 이미 설명은 드렸는데, 어떠세요?

수잔: 네 좋아요. 엄마! 피터 선생님이 스캔하는 동안 제가 여기 있을까요 아니면 나가 있을까요?

캐서린: 난 괜찮아. 넌 라운지에 가서 커피 마셔. 걱정하지 말고.

수잔: 알았어요. 라운지에서 커피 얼른 마시고 올게요. 고마워요. 피터 선생님.

피터: 별말씀을요. 캐서린 씨, 뒤로 누워 주세요. 그래야 제가 침대를 평평하게 할 수 있습니다. 제가 허리를 너무 구부리지 않도록 침대를 좀 높이겠습니다. 이 자세가 편안하신가요?

캐서린: 네, 편안해요.

피터: 자 그럼, 저는 얼른 손을 씻고 장갑을 끼겠습니다. 스캔을 하려면 배를 좀 보여 주셔야 하는데요. 괜찮으시겠어요?

캐서린: 상관없어요. 잠깐만요. 내가 가운을 깔고 앉았어요. 으이차! 휴~

피터: 감사합니다. 치골 부분은 타올로 잘 가려 드릴게요. 사생활 보호도 하고 또 이쁜 바지가 이 젤 때문에 젖으면 안 되니까요. 이제 젤이 묻은 손잡이로 치골 부위 쪽 배를 이리저리 움직이면서 볼 거예요. 방광이 그 밑 부분에 있거든요. 이 젤 때문에 이 손잡이가 피부에 닿으면 좀 차게 느끼실 수도 있어요. 어떠세요?

캐서린: 나쁘지 않네요. 계속하세요.

피터: 소변이 얼마나 있는지 볼까요? 음 … 양이 꽤 되네요. 보니까 1리터 이상이 되는군요. 잘못 측정된 걸 수도 있으니까 다시 한번 보겠습니다. 똑같네요. 제가 배 부분을 촉진해 볼게요. 제가 살짝 힘주어 촉진할 때 소변이 마렵다던가 급하다던가 하는 불편감 안 느껴지세요?

캐서린: 하나도 없어요. 소변줄이 필요하다고 생각하는군요, 그쵸?

피터: 맞아요. 하지만 소변줄 삽입하기 전에 화장실을 먼저 가 보시라고 권유 드릴게요. 변기에 앉아서 소변이 나오도록 해보시는 거예요. 그러시는 동안 담당 의사랑 이야기를 좀 해 볼게요. 아무것도 안 나오면 당연히 소변줄을 삽입해야 하고요. 어떻게 생각하세요.

캐서린: 좋은 계획인 것 같아요.

피터: 알겠습니다. 일단 젤을 잘 닦고. 잘 닦인 것 같으세요?

캐서린: 네 잘 닦였어요.

피터: 집에 계실 땐 얼마나 자주 소변을 보셨나요?

캐서린: 음… 좀 어려운 질문인데요. 한 번도 생각해 본 적이 없지만, 아침마다 규칙적으로 화장실에 가고, 점심시간 전에 한번… 하루에 4번 이상은 가지 않나 싶은데요. 친구들과 티를 몇 잔 정도 마시면 좀 더 가고요. 여간 귀찮은 게 아닙니다. 우리 친구들과 정기적으로 모닝 티타임을 갖고 있어요. 매주 화요일엔 우리 집에서 하고 매주 금요일엔 친구네로 가고요. 서로서로 의지하며 사는 거죠.

피터: 훌륭한 사회생활을 하시는군요. 제가 캐서린 나이대가 되면 그런 사회생활을 할 수 있을지 확신은 없네요. 대단하세요. 다시 일로 돌아가서, 정상적으로 사람들은 하루에 1.5리터 정도의 소변을 본답니다. 그때마다 200mls에서 500mls 정도의 소변을 보고요. 하루에 6번에서 8번정도로 화장실을 가는 거죠. 그치만 나이나 성별, 마시는 물이나 음식의 양, 정서 상태나 건강 상태는 또 소변 습관에 영향을 미친답니다. 말씀해주신 걸 기반으로 한다면 소변습관에는 별로 문제가 없는 것으로 보이네요. 저번에 입원하신 것만 제외하면요.

캐서린: 동의합니다.

수잔: 엄마. 저 들어가도 돼요? 잘 되고 있어요?

피터: 어서 오세요. 당신이 생각한 것처럼 어머니는 요폐가 있어요. 그래서 소변줄을 곧 삽입해야 하고요.

수잔: 제 생각이 틀리길 바랐는데.

피터: 우선은 어머니를 화장실로 모셔 갈 수 있나요? 자발적으로 소변을 보실 수 있는지 알고 싶네요. 만약에 하실 수 있으면 소변줄은 필요가 없고요. 그렇게 하시는 동안 담당 의사 선생님과 요폐 관련해서 상의하고 소변줄 삽입 필요하다고 제안할 겁니다. 어머니 화장실 모시고 가는 거 괜찮으신가요?

수잔: 그럼요. 할 수 있어요.

피터: 좋아요. 의사 선생님 만난 후 바로 갈게요.

수잔: 고맙습니다.

15. 의사와의 대화

(전화 울리는 소리)

병동 사무원: 좋은 아침입니다. 8병동 사무원 제인입니다. 무엇을 도와드릴까요?

벤: 안녕하세요 제인. 의사 벤입니다. 수간호사 피터 선생님과 통화할 수 있을까요? 좀 전에 호출하셨거든요.

제인: 맞네요. 지금 바로 제 옆에 앉아 계세요. 잠시만 기다리세요.

피터: 고마워요 제인. 안녕하세요 벤 선생님. 잘 지내셨나요?

벤: 좀 바쁘지만 나쁘지 않습니다. 선생님은 어떠세요?

피터: 전 괜찮게 잘 지냅니다. 고마워요. 캐서린 레이브 부인 아시나요? 고양이한테 물리셔서 오늘 아침 응급실 통해서 입원하셨는데.

벤: 네 알아요. 5호실에 계신 분, 맞죠? 정확히 해야 하니까 환자번호 좀 알려 주세요.

피터: 네, Alpha, Charlie, Tango 456. 성함은 캐서린 레이드, 75세 여성분입니다.

벤: 감사해요. 뭘 도와드릴까요?

피터: 그 환자분 따님이 어머니 요폐 증상이 있는 것 같아 걱정하셨어요. 그래서 스캔해보니 방광에 소변이 1리터 이상 있었어요. 근데 정작 환자분은 별 느낌이 없으신 거죠. 요의나 긴박뇨 같은 느낌이 하나도 없으시대요. 작년에 폐렴으로 입원하셨을 때도 비슷한 경험을 하신 모양입니다. 환자분에 따르면 하루에 4번 이상 소변을 보시고 집에 계실 땐 별다른 문제가 없으셨다고 하고요. 근데 지금이 벌써 정오인데 어젯밤부터 화장실을 한 번도 안 가셨어요. 그래서 가능하면 빨리 소변줄을 삽입해야 할 것 같아요. 선생님과 상의해 보는 동안 일단은 화장실 가셔서 소변을 보도록 해보시라고 말씀은 드렸고요.

벤: 저도 같은 생각입니다. 확실히 요폐가 있으시네요. 지금 소변줄 삽입해 주실 수 있나요? 제가 지금 5병동에서 좀 바빠서 한 시간 안에 그 환자분 볼게요. 괜찮으시겠어요?

피터: 문제없습니다. 화장실에서 소변을 보셨는지 확인해보고 아직도 못 보셨으면 삽입할게요. 환자분과 따님께는 지금 상의한 것과 한 시간 안에 의사 선생님께서 보러 오신다고 설명할게요. 소변 검사 해보고 결과가 비정상이면 소변 샘플 보낼게요.

벤: 고마워요. 피터 선생님. 아 끊기 전에 아미싸 간호사님 좀 바꿔주세요. 통화 중일때 호출을 받았어요.

피터: 네, 그 간호사가 줄 서서 기다리고 있어요. 잠시만요. 바로 옆에 있어요. 아미싸 선생님. 선생님 차례예요.

아미싸: 안녕하세요 벤 선생님. 아미싸 간호삽니다. 빨리 답해 주셔서 감사해요.

켄: 네 선생님, 무슨 일인가요?

아미싸: 급한 건 아니고요. 제 환자분 중 한 분이 항생제 때문에 정맥주사가 필요해요. 12-1호실에 계신 존 스미스 씨입니다. 지금 환자번호랑 다른 정보 호출기로 전송했어요. 받으셨어요?

켄: 네, 존 스미스 씨. 환자번호는 MTU996. 맞나요?

아미싸: 그분 맞아요. 지금 있는 캐뉼라가 좀 새서 제거해야 했어요. 근데 2시 30분에 다음 항생제 드려야 하거든요. 새로운 정맥 주사 놓으실 때 21게이지보다 큰 사이즈로 해주세요. 내일 씨티 스캔 있는데 씨티 조영제 투입 때문에 항상 큰 사이즈를 요청하더라고요. 그리고 금식 중이시라 정맥 수액도 필요합니다.

벤: 그렇게 할게요. 근데 아미싸 선생님. 제가 지금 당장은 못 가고 한 시간 안에 갈게요. 그분께 괜찮을까요?

아미싸: 괜찮아요. 지금 몸에 달린 거 없으셔서 홀가분하게 샤워하고 계세요. 이 자유 시간을 방해하고 싶지 않네요.

벤: 좋습니다. 그게 다인가요?

아미싸: 네. 지금으로선 그게 다입니다. 혹시 제가 잠시 후에 다시 호출해도 용서해 주세요.

벤: 네 그럴게요. 그럼 이따 봐요.

아미싸: 안녕히 계세요.

16. 소변줄 삽입

피터: 캐서린 씨, 진전이 있으세요?

캐서린: 아직 아니에요.

피터: 좋지 않군요. 조금 전 당신의 담당 의사인 벤 선생님과 상의했어요. 그 역시 소변줄을 삽입하는 것에 동의했고 한 시간 안에 진찰하러 올 거예요. 지금 아래층에서 좀 바쁜 것 같아요. 괜찮으시겠어요?

캐서린: 그럼요. 더 이상 문제를 일으키고 싶지 않군요. 그럼 내 병실로 갈까요?

피터: 네 좋습니다. 도와드릴까요?

캐서린: 아뇨, 괜찮아요. 팔에 문제가 있어서 그렇지 다리는 멀쩡합니다. 수잔이 도와줄 거예요.

피터: 천천히 하세요. 아, 그리고 하나 더, 제가 소변줄 삽입할 건데 괜찮으시겠어요?

캐서린: 저의 간호사가 돌아왔나요? 오해하지 않았으면 좋겠네요. 그래도 여자 간호사가 해주면 좀 더 편안할 것 같아요.

피터: 당연히 이해합니다. 그 간호사를 가능하면 빨리 보낼게요.

캐서린: 고마워요, 피터. 그럼 그 간호사를 제 병실에서 만나게 되나요?

피터: 네 금방 갈 거예요.

케이트: (똑똑) 안녕하세요. 캐서린 씨. 저는 케이트라고 합니다. 들어가도 될까요?

캐서린: 들어오세요. 기다리고 있었어요.

케이트: 늦어서 죄송합니다. 뭔가를 하기에 앞서 환자분 아이디를 먼저 확인할게요. 성함과 생년월일을 말씀해 주세요.

캐서린: 캐서린 레이드이고 1945년 10월 5일 생입니다.

케이트: 감사합니다. National health number 는 ATC 456이네요. 다 좋습니다. 방금 전에 응급으로 소변줄이 필요하다고 들었는데 맞습니까?

캐서린: 맞아요. 피터 선생님이 그러는데 내 방광이 꽉 차 있답니다. 그런데 나는 전혀 느끼지 못하고요.

케이트: 확인 감사합니다. 혹시 알러지 같은 게 있으신가요? 제가 라텍스가 함유된 장갑을 사용할 것이고 또 소독제를 사용할 것이거든요. 그것들이 어떤 분들에겐 알러지 반응을 유발시키기도 한답니다.

캐서린: 그런 거 전혀 없어요.

케이트: 좋습니다. 이번이 두 번째로 소변줄 하는 거라고 하던데 맞습니까? 혹시 어떻게 진행이 되었는지 기억하시면 말씀해 주세요.

캐서린: 음… 별로 나쁘지는 않았지만 그다지 좋은 것도 아니었어요. 내 간호사 선생님이 사타구니 쪽을 닦고 내가 침대에 누워 있는 동안 작은 튜브를 삽입했어요. 그 튜브는 주머니에 연결이 되었지요. 이틀 동안 그걸 갖고 다녔고 내 소변은 잘 배출되었어요.

케이트: 맞아요. 저도 지금 그와 같은 절차를 밟을 것입니다. 이건 침습적이고 멸균적인 요법이면서 또 신체의 일부분이 노출되는 절차이기도 합니다. 그래서 제가 그 진행하는 것에 문제가 없으신지 확인이 필요합니다. 원하시면 따님께서 곁에 계셔도 좋습니다. 또 절차를 진행하기 전에 사생활 보호나 문화적으로 제가 알아야 할 것이 있는지요?

캐서린: 저는 괜찮습니다. 그리고 수잔이 보는 걸 원치 않아요. 그 애도 마찬가지일 것 같은데요. 어떠니 수잔?

수잔: 맞아요 엄마. 저는 나가 있을게요. 문 닫아 드릴게요 엄마.

케이트: 고마워요 수잔. 그럼 시작해 볼까요? 캐서린 씨. 팬티를 벗으시고 누워 주시겠어요.

캐서린: 네.

케이트: 감사합니다. 제가 이 패캐이지를 펼치고 그 부위를 닦는 동안 수건으로 배 부분을 가려 드릴게요.

캐서린: 좋습니다.

케이트: 아랫부분을 닦은 후엔 이 유동적인 관을 삽입할 건데요. 삽입 과정 동안 좀 불편하게 느끼실 수 있어요. 그리고 소변줄에 있는 풍선 안으로 물을 좀 넣을 겁니다. 그 풍선은 방광 안에서 튜브가 빠져나오지 않도록 잡아 줄 거예요. 그런 후 이 배액 주머니에 그 튜브를 연결할 겁니다. 그러면 모든 게 다 끝나는 거예요.

캐서린: 쉽게 들리네요. 나는 준비되었습니다.

케이트: 저도 준비되었습니다. 엉덩이를 들어 주세요. 그러면 침대커버가 더러워지지 않게 밑에 방수포를 깔게요. 좋습니다. 고마워요. 무릎을 구부리고 양쪽으로 다리를 벌려 주세요. 따뜻한 물로 그 부위를 닦고 말려 줍니다. 물 온도 괜찮으세요?

캐서린: 네, 적당히 따뜻하군요.

케이트: 좋습니다. 다 닦고 잘 건조했습니다. 다시 손을 씻고 절차를 위해서 멸균 장갑을 낄게요.

캐서린: 당신 손을 위해서 좋은 보습제가 필요하겠네요.

케이트: 몇 개 있긴 한데 워낙 손을 자주 씻거나 알코올 젤로 수없이 문지르니 발라도 별로 오래가지 않아요. 그래도 별로 개의치 않습니다. 그럼 다리 사이를 이 천을 덮어서 밑 부분만 노출하고 나머진 멸균지역으로 만들 겁니다. 소독제로 회음부 부분을 닦을 거예요. 별로 차갑지 않으시죠?

캐서린: 안 차가워요. 괜찮아요.

케이트: 네, 윤활제를 발라서 튜브를 삽입할 겁니다. 좀 불편하실 수 있어요.

캐서린: 계속하세요.

케이트: 바로 잘 찾아서 잘 됐어요. 소변 잘 나오네요. 그럼 풍선에 물을 채워 넣고 있고요, 이건 방광 안에서 튜브를 잘 잡고 있을 거예요. 다 됐습니다. 어떠셨어요?

캐서린: 벌써 다 됐어요? 엄청 빠르네요.

케이트: 잘 협조해 주셔서 금방 끝난 거예요. 방광이 꽉 차 있었으니 소변을 천천히 빼야 해요. 안 그러면 저혈량으로 인한 문제를 겪으실 수 있어요. 소변량이 500 mls정도 나오면 30분 정도 소변줄을 잠가 둘 거예요. 그런 후 다시 열어 둘 겁니다. 괜찮으시겠어요?

캐서린: 문제없어요.

케이트: 저희가 소변줄과 소변주머니를 잘 살펴볼 것이지만 소변줄을 가지고 계시는 동안 몇 가지 아셔야 할 것이 있습니다. 첫 번째로 이 고정장치를 허벅지 쪽에 붙여 놓을 건데 이것은 소변줄이 너무 당겨져서 방광 안에 혹시 모를 긴장을 일으키는 것을 예방하려는 거예요. 두 번째로는 이 소변줄은 꼬이거나 막힘 없이 잘 유지되어야 합니다. 마지막은 이 소변주머니는 방광 위치보단 항상 아래쪽에 위치해야 하고 바닥에 닿지 말아야 합니다. 이유는 소변이 방광으로 다시 역류하는 것을 막기 위함이며 그렇지 않으면 소변줄로 인한 감염의 위험이 있을 수 있어요.

캐서린: 다 기억하기가 좀 어렵군요. 우리 딸한테 다시 한번 설명해 주실 수 있나요? 그 애는 나보다 기억력이 훨씬 좋아요.

케이트: 걱정 마세요. 따님께 다시 설명해 드릴 것이고 또 소변줄 관리에 관한 안내서도 같이 드릴게요. 어떻게 하셔야 하는지 다 적혀 있어요.

캐서린: 좋아요. 고마워요 케이트 간호사님.

케이트: 별말씀을요. 30분 후에 소변줄 열어 주기 위해서 다시 올게요. 그 전에 제가 뭐 더 도와드릴 것은 없나요?

캐서린: 아뇨, 괜찮아요. 수잔이 도와줄 거예요.

케이트: 네 그럼 30분 후에 뵐게요.

17. 침대 밖으로 나오는 것 도와주기

케이트: 안녕하세요. 마가렛 씨. 저는 케이트 간호사입니다. 잘 주무셨어요?

마가렛: 안녕하세요, 간호사님. 네 잘 잤어요.

케이트: 아침 식사가 곧 도착할 거예요. 거의 7시 반이거든요. 테이블 세팅하는 것 좀 도와드릴까요?

마가렛: 그러면 좋겠네요. 고마워요.

케이트: 별말씀을요. 자, 신선한 아침 공기가 좀 필요할 것 같아요. 창문을 좀 열 건데 춥지 않으세요? 가디건을 입으시겠어요?

마가렛: 아뇨, 괜찮아요. 집에 있으면 아침마다 제일 먼저 하는 게 창문 여는 일인걸요.

케이트: 좋아요. 아침 식사를 침대에서 드실까요? 아님 의자에 앉아서 드시겠어요? 저는 의자에 앉아서 드시는 것을 추천합니다.

마가렛: 의자에 앉을게요. 욕실에 먼저 가야 하는데 도와주실 수 있나요?

케이트: 그럼요. 어제 하신 것처럼 제 쪽으로 돌아누우세요. 밑에 있는 손으로 침대 매트리스를 살짝 누르시면서 다른 손으로 몸을 밀면서 서서히 일으키세요. 그러시는 동안에 침대 머리 부분을 좀 세워서 앉기 쉽도록 해드릴게요. 그리고 발을 침대 밖으로 내려놓으세요. 그렇죠. 아주 잘하셨습니다. 바로 서기 전에 발을 걸쳐 놓고 조금씩 움직여 보세요. 다리를 앞뒤로 그리고 양옆으로 움직여 보세요. 어떠세요?

마가렛: 어제는 좀 어지러웠는데 오늘은 괜찮은데요.

케이트: 좋습니다. 그럼 제가 침대를 조금씩 낮춰서 당신 발이 바닥에 닿도록 할게요. 제 쪽으로 좀 움직여 주실 수 있나요? 그렇죠. 보행기를 쓰시고 싶으신가요?

마가렛: 네 주세요. 보행기를 쓰면 좀 더 안정감을 느낄 것 같군요.

케이트: 여기 있습니다. 양손으로 손잡이를 잡으신 후 브레이크를 잘 걸어 주세요. 자, 슬리퍼 신으시고요. 좋습니다. 자, 편안하게 느껴지십니까?

마가렛: 곧 달릴 준비도 되었어요.

케이트: (웃음) 달리기엔 좀 이르고요. 아마 내일쯤은 가능하지 않을까요? 일어서실 때 제가 침대 높이를 조금씩 높일 거예요. 그러면 일어서는 데 도움이 될 것입니다. 준비되셨나요?

마가렛: 잠깐만요. 선생님 쪽으로 좀 더 가까이 가야 할 것 같아요. 네 준비됐어요.

케이트: 제가 침대를 높이는 동안 천천히 두 발로 서 보세요. 잘하고 계세요. 걸으시기 전에 잠깐만 계세요. 걷기에 두 다리가 안정감이 있나요?

마가렛: 네 좋아요. 그럼 가 볼까요?

케이트: 천천히 하세요. 제가 함께 갈게요. 브레이크 푸는 거 잊지 마시고요. 다 왔습니다.

마가렛: 휴~ 침대에서 한 몇 마일은 온 거 같네요. 그렇지만 당신한텐 고작 열 발자국도 안 되겠어요. 고마워요. 케이트 선생님. 여기서부턴 제가 혼자 할 수 있을 것 같아요.

케이트: 제 생각도 그래요. 걸음걸이가 아주 안정되었고 욕실까지 혼자서 다 걸어오신 거예요. 정말 혼자 하실 수 있으시겠어요?

마가렛: 네 괜찮을 것 같아요. 당신이 내가 뭐 하는지 볼 수 있게 욕실 문을 열어 두셔도 돼요.

케이트: 좋은 생각입니다. 욕실에 계시는 동안 그럼 저는 침상 정리를 하고 여기 테이블 좀 정리할게요. 다 끝나시면 의자에 앉아서 아침 식사 바로 하실 수 있게요.

마가렛: 네 좋아요.

18. 식사 돕기

케이트: 다 하셨네요. 와! 마가렛 씨. 보세요. 얼굴색이 훨씬 좋아지셨어요.

마가렛: 그렇게 생각하세요? 저도 오늘 아침에 좀 더 활기차네요.

케이트: 여기 테이블은 다 준비되었어요. 오셔서 앉으세요.

마가렛: 고마워요. 내 틀니 좀 찾아 주실래요? 욕실에 두었는데 가지고 오는 것을 잊었어요.

케이트: 그럼요. 아침 식사하시는 데 아주 중요한 것을 잊으면 안 되죠. 틀니는 닦아야 하나요 아님 깨끗한 건가요?

마가렛: 이미 다 닦은 거예요. 근데 가져오는 것을 잊은 거죠.

케이트: 여기 있습니다.

마가렛: 고마워요. 음… 상쾌하다.

케이트: 옷이 참 이쁘네요. 아주 잘 어울려요. 자 여기 수건 있어요. 가슴 쪽에 올려 주세요. 안 그러면 옷이 더러워질 수 있겠어요.

마가렛: 고마워요. 환자처럼 보이는 게 싫어서 항상 화려한 색 옷을 입어요.

케이트: 좋은 생각이에요. 아침 식사로 토스트 두 장과 라이스 버블이 왔네요. 맛있을 것 같아요. 아, 물통이

비었군요. 신선한 물을 좀 갖다드릴게요. 제가 떠나기 전에 뭐 더 필요한 거 있으세요?

마가렛: 음… 이 우유통 좀 열어 주실래요? 내가 이 알루미늄 뚜껑을 열 때마다 항상 흘려요. 이 작은 용기에 비해 내 손이 너무 큰가 봐요.

케이트: 무슨 말씀인지 알겠어요. 당신만 흘리는 거 아니에요. 제가 방법을 하나 알려 드릴게요. 뚜껑을 다 여는 것보다 포크를 사용해서 알루미늄 뚜껑에 큰 구멍 하나를 내고 시리얼 그릇에 조심스럽게 부어 보세요. 어떠세요?

케이트: 와, 당신은 천재군요. 왜 나는 그런 머리는 없는 걸까요? 당신은 정말 똑똑한 간호사예요.

케이트: (웃으면서) 저도 제 환자분 중 한 분으로부터 배웠어요. 그분이 오래전에 가르쳐 주셨어요. 서로 배우면서 사는 거죠. 토스트에 버터 발라 드릴까요? 아님 혼자 하실 수 있나요?

마가렛: 그건 혼자 할 수 있어요.

케이트: 여기 호출벨이 있어요. 신선한 물 가지고 금방 올 건데 그래도 그사이 제가 필요할 수 있으니까, 이 벨을 누르세요. 그리고 조용히 아침 식사 즐기실 수 있도록 저는 나가 있을게요. 하나 더. 잡지랑 안경을 테이블에 놓아 드릴까요? 뭐 읽을거리가 필요할 수도 있으니까요.

마가렛: 좋은 생각이네요. 도와줘서 고마워요. 그리고 너무 오랫동안 시간 쓰게 해서 미안해요.

케이트: 아니에요. 혹시 제가 필요하시면 잊지 마시고 호출벨 누르세요.

19. 샤워 도와주기

케이트: 안녕하세요, 존. 오늘 아침은 어떠신가요?

존: 나쁘지 않네요. 케이트 간호사님은 어떠세요?

케이트: 좀 바쁘긴 하지만 항상 그렇듯 즐기고 있습니다. 아침 식사 끝나셨어요?

존: 네 끝났습니다.

케이트: 어떠셨어요?

존: 음… 포리지는 괜찮았는데 빵은 너무 많이 구워졌어요. 너무 건조하고 씹기가 좀 힘들더군요. 나 같이 치아가 좋지 못한 노인들에겐 별로 좋은 것 같지 않아요. 우리 집사람이 오늘 내 틀니를 가져올 것이니까 내일은 토스트를 좀 먹어 보려고요.

케이트: 아, 그래서 토스트를 남기셨군요. 죄송하게 됐어요. 부드러운 빵을 좀 드실래요? 제가 조금 갖다드릴게요?

존: 아니요. 충분히 잘 먹었습니다. 원래 아침 식사 그렇게 많이 하지 않아요. 그 포리지가 저한테는 딱 적당했어요.

케이트: 아내 되시는 분은 언제 오시나요? 혹시 점심 식사 시간까지 안 오시면 병원 주방에 씹기 편하게 잘게 잘린 음식을 달라고 요청할게요. 드시기 훨씬 편하실 거예요.

존: 좀 전에 전화 왔는데 한 11시경에 틀니 가지고 온다고 합니다. 그럼 난 괜찮아요.

케이트: 그렇군요. 존. 언제 씻고 싶으세요? 아내분 오시기 전에 샤워하고 계시면 좋을 것 같은데요. 어떻게 생각하세요?

존: 오, 그거 좋은 생각이군요. 저 도와주실 시간 있으세요?

케이트: 그럼요. 도와드리려고 제가 온걸요. 그럼 지금 샤워하러 가실까요? 방금 전에 큰 샤워실 둘러봤는데 아직 아무도 사용하지 않고 있었어요.

존: 좋아요. 제가 뭘 하면 될까요?

케이트: 시작하기 전에, 제가 씻는 거 도와드리는 거에 문제가 없으신 거죠?

존: 문제없습니다. 오히려 도와주셔서 고마운걸요.

케이트: 좋습니다. 다리 아픈 것은 좀 어떠세요? 샤워하기 전에 진통제가 더 필요하실지 모르겠습니다.

존: 음. 아침 식사때 이미 약을 주셨잖아요. 그렇지요? 지금 통증이 없는 걸 보니 약효가 잘 나타나는 것 같아요.

케이트: 그럼 문제없군요. 샤워하시는 동안 다리에 상처 부위를 흐르는 따뜻한 물로 씻어 낼 거예요. 샤워 후에는 새로운 드레싱을 해드릴 것이고요.

존: 좋은 계획입니다.

케이트: 혹시 제가 알아야 할 특별한 문제나 문화적인 것이 있으면 알려 주세요.

존: 저는 그렇게 민감한 사람이 아닙니다. 그래도 물어봐 줘서 고마워요.

케이트: 그러면 그 욕실에 예약 사인 붙여 놓고 올게요. 토일렛 가방을 갖고 오셨나요? 있으면 욕실 가는 길에 가져다 놓을게요.

존: 두 번째 서랍을 열어 보실래요?

케이트: 어디 보자… 여기 있군요. 칫솔, 치약, 빗. 데오드란트 스프레이 그리고 전기면도기. 모이스쳐라이저, 비누, 샴푸, 와! 심지어는 면봉까지! 준비를 엄청 잘하셨어요.

존: 내가 한 게 아니고 아내가 한 거예요. 그녀는 나를 실망시키는 적이 없어요. 놀라긴 아직 이른데요. 케이트 간호사님. 저 의자 옆에 있는 캐리어 안을 보면 아마 내가 얼마나 복이 넘치는 사람인지 알 수 있을 거예요.

케이트: 그럼 한번 열어 볼까요?

존: 그럼요.

케이트: 어머나 세상에나… 정리정돈이 엄청 잘되었네요. 일주일 동안 요일별로 뭘 입어야 될지도 다 분류가 되어 있어요. 오늘이 화요일이니까… 여깄네요. 오늘 당신은 파란색 체크무늬 바지랑 군청색 티셔츠를 입어야 하고 깨끗한 메리야스와 팬티 그리고 회색 양말을 신어야 하는군요. 당신 부인은 정말 대단합니다. 제 생각엔 당신 아내는 세상에 있는 최고 아내들 중의 한 명인것 같아요.

존: 사실 내가 정리정돈하고 물건 찾는 데는 영 소질이 없거든요. 근데 제 아내는 정말 그 분야에 최고예요.

케이트: 당신은 정말 복이 많으신 분입니다. 먼저 토일렛 가방과 새 옷들을 욕실에 갖다 놓은 후 욕실 가는 거 도와드릴게요. 제가 욕실 준비해 놓는 동안 면도 먼저 하고 계시는 거 어떨까요? 여기 거울도 있어요.

존: 고마워요. 케이트 간호사님.

케이트: 존, 저 왔어요. 토일렛 가방과 함께 수건과 얼굴 수건 두 개씩 욕실에 갖다 두었는데 뭐 더 필요한 거 있나요?

존: 없습니다. 그걸로도 충분해요.

케이트: 자, 댁에 계실 땐 일상생활을 거의 스스로 다 하신 걸로 알고 있어요. 그래도 안전을 위해서 보행기를 가져왔어요. 예전에 써 보신 적이 있나요?

존: 아뇨, 없어요. 그래도 다른 사람들이 쓰는 것을 몇 번 보긴 했어요. 이거 워킹 스트롤러와 같은 거죠? 집에 그 유사한 것이 있는데 내 다리가 문제가 있는 후로 한 6개월간 사용했었어요.

케이트: 아마도 비슷할 거예요. 그렇지만 이 보행기는 바퀴가 없어서 밀 수는 없어요. 대신 걸으실 때마다 들었다 놓아서 앞으로 진행하는 겁니다. 어떻게 쓰는지 보여드릴게요. 자 보세요. 우선 두 다리로 똑바로 선 후 두 손으로 이 손잡이 부분을 잘 잡습니다. 보행기를 살짝 들어 올린 후 조금 앞으로 내려놓습니다. 그리고 조금씩 앞으로 걸으시는 거고요. 한번 해보실래요?

존: 그럼요. 별로 어렵게 보이진 않군요. 그래도 욕실에 도착할 때면 아마도 크리스마스가 다 되지 않을까요? 그냥 휠체어 같은 것으로 데려다주는 것은 어때요? 그게 훨씬 빠를 텐데요.

케이트: 물론 휠체어로 이동하면 훨씬 빠르고 편하지요. 그렇지만 어떻게 거동하시는지 살펴볼 수가 없어요. 이 보행기로 욕실까지 걸으신다면 보행이 어떤지 다른 종류의 보행기가 필요한지 알아볼 수 있어요.

존: 그렇군요. 너무 오래 걸릴 것 같아서 괜히 미안해서 그렇죠. 간호사님들은 항상 바쁘고 아침엔 더욱 그런 거 같더라고요.

케이트: 저희를 걱정해 주시는 것은 감사합니다. 그래도 환자분께서 염려하실 사항은 아닙니다. 저는 해야 할 일로 바쁜 거 좋아해요. 그리고 당신을 도와주는 것이 오늘 저의 우선순위이기도 합니다.

존: 좋습니다. 그럼. 말씀하신 대로 손으로 프레임 부분을 잘 잡고. 들어서 앞쪽에 놓은 다음 조금씩 걷는다. 어떤가요?

케이트: 훌륭합니다. 자 그럼 욕실까지 계속 걸어가 볼까요? 천천히 시간을 갖고 하세요.

존: 당신 말이 맞아요. 바닥이 좀 미끄럽네요. 이 보행기가 없었다면 좀 불안정했을 것 같아요.

케이트: 통증은 없으세요? 걸으실 때 아픈 곳은 없나요?

존: 좀 조이는 느낌은 드는데 나쁘진 않아요. 아픈 건 10점 중에 2점 정도나 아님 더 적어요.

케이트: 좋아요. 거의 반이나 지나 왔어요. 이 보행기로 아주 잘하고 계세요.

존: 점점 익숙해지는 거 같군요.

케이트: 아주 잘하셨어요. 다 왔어요. 욕실 문 잠그고 커튼을 쳐 드릴게요. 저기 샤워 의자까지 계속 걸어 주세요. 의자에 수건을 깔아 놓아서 앉으실 때 차갑지 않을 거예요. 자, 의자에 앉기 전에 바지와 팬티는 벗는 게 좋겠군요.

존: 맞아요. 다 됐습니다.

케이트: 자 이 보행기를 놓으시고 벽에 있는 안전바를 잡고 천천히 의자에 앉아 주세요. 잘하셨어요. 이게 보통 일이 아니네요. 그렇죠?

존: 맞아요. 윗옷을 벗겠습니다.

케이트: 존, 물이 충분히 따뜻한 거 같은데 온도가 어떤지 한번 보실래요? 왼쪽으로 돌리면 더 뜨거워지고 오른쪽으로 돌리면 차가워집니다.

존: 나한텐 좀 뜨겁군요. 오른쪽으로 돌리면 찬물이라고 했죠? 수도꼭지에 파란색 보이네요. 아하, 미지근하니 딱 좋군요. 토일렛 가방 좀 건네주실래요? 머리를 먼저 감고 싶네요. 근데 내 다리에 이 드레싱은 어떻게 하나? 곧 젖을 텐데.

케이트: 걱정 마세요. 드레싱이 상처에 딱 달라붙어 있어서 그냥 떼려고 하면 피부도 같이 벗겨질 수 있어요. 그래서 따뜻한 물로 적실 건데 고통도 덜하고 살점이 떨어지지 않고 훨씬 부드럽고 쉬워요.

쫀: 케이트 간호사님은 천재군요.

케이트: 간호사들은 대부분 이렇게 합니다. 여기 토일렛 가방과 수건이요. 머리 감으시는 동안 샤워기를 잡고 있을게요. 몸 앞부분을 씻는 것 마치시면 등 쪽 부분은 제가 도와드릴게요. 충분히 따뜻하신가요?

존: 네 좋아요.

케이트: 제가 등 부분을 닦을 수 있게 앞으로 살짝 굽혀 주시겠어요. 네 그거예요. 좋습니다. 여기 마른 수건 있어요. 제가 다리를 닦아 드리는 동안 몸을 말려 주세요.

존: 고마워요.

케이트: 아 보세요. 드레싱이 아주 쉽게 떨어집니다. 아마 느끼실 거예요, 그렇죠? 흐르는 따뜻한 물로 상처를 씻는 것은 상처 회복에 효과적입니다. 이렇게 함으로써 죽은 조직과 세균들, 말라붙은 핏자국들이나 지난번에 바른 연고 같은 것들도 깨끗이 씻어 낼 수 있거든요. 어떠세요?

존: 발목 부분이 다른 곳보다 좀 더 민감한 것 같아요. 그래도 참을 만합니다.

케이트: 발목 부분 궤양이 다른 데보다 더 붉고 깊군요. 수건으로 다리와 발을 살짝 두드리며 닦을게요. 여기 모이스쳐라이져와 데오드란트 있어요.

존: 난 향수나 모이스쳐라이져 같은 거 별로 안 쓰는데 제 아내가 좋아해서 바르라고 합니다.

케이트: 좋은 향기가 나는데요. 아내분들은 항상 옳으니 말씀 잘 들으세요. 메리야스랑 티셔츠 입으시겠어요?

존: 제가 할 수 있어요.

케이트: 좋습니다. 자 옷을 입읍시다. 일어나기 전에 다리를 한쪽씩 들어 주세요. 팬티와 파자마 바지 입는 거 도와드릴게요. 이렇게 하면 한 다리로 불안정하게 서서 균형을 잡을 필요가 없거든요. 자 여기 슬리퍼 신으세요.

존: 고마워요.

케이트: 자 마지막으로, 거울과 머리빗이 있군요. 거울 보시면 웬 말끔한 신사가 있나 하며 깜짝 놀라실 겁니다.

존: 음… 나쁘지 않군요.

케이트: 제 말이 맞죠? 그럼 다시 돌아갈까요? 먼저 안전바를 잘 잡으세요. 일어나시면 엉덩이 부분에 물기를 닦아 드릴게요. 그리고 파자마와 팬티를 잘 올리고요.

존: 좋아요. 준비됐습니다.

케이트: 바닥에 물기를 닦긴 했는데 그래도 미끄러울 수 있으니 한 발 한 발 조심해서 걸으세요.

20. 다양한 분야의 전문가들과의 회의

케이트: 좋은 아침입니다. 여러분. 제가 이 MDT 미팅의 마지막 사람인가요?

핍 (수간호사): 아니요, 당신은 괜찮아요. 피터가 마지막 사람입니다.

케이트: 휴, 난 또 내가 행운의 마지막 사람인가 했네요. 10-2호실 브라운 씨 드레싱 교체하느라 한참을 나올 수가 없었어요. 정말 오래 걸렸어요. 헬렌이 이 미팅에 대해서 상기시켜 주지 않았으면 시간이 어떻게 됐는지 인지하지 못했을 거예요. 어쨌든 기다려 주셔서 감사합니다. 저는 10호실에 계신 분들 다 간호하고 있어요. 10-1에 계신 스미스 씨는 68세 남자환자분이죠. 대장암 때문에 어제 복강경 전방 절제술과 새로운 대장루 형성 수술을 받으셨어요. 오늘은 수술 후 첫째 되는 날입니다. PCA를 잘 사용하고 계시고 놀랍게도 지금은 의자에 앉아 계세요. 아직 거동은 못 하셨지만 이 미팅 후에 걷는 거 도와드릴 예정입니다. 장루가 아직 활동적이진 않아요. 하지만 약간의 액체와 가스로 차 있어서 아침에 비우긴 했습니다. 켈리 선생님, 오늘 그분 만나실 예정인가요?

켈리 (장루 전문 간호사): 네, 만나 볼 거예요. 수술 전부터 외래 클리닉에서 계속 진료했었어요. 그때부터 이미 장루 교육을 시작했고 제게도 잘 보여 주셨습니다. 그래서 장루 관리엔 꽤 익숙해진 걸로 보입니다. 하지만 진짜 장루를 가지신 지금은 다를 수도 있어요. 그래서 그 환자분 만나 볼 것이고 모든 것을 다시 한번 해볼 예정입니다.

케이트: 좋아요. 침상 옆에 환자분께서 가져오신 장루 가방 봤어요. 켈리 선생님, 저희가 매일 장루주머니 교체하길 원하시나요?

켈리: 네 그렇게 해 주세요. 그 환자분은 퇴원 전까지 좀 더 많이 연습이 필요할 거예요.

케이트: 문제없어요. 오늘 방문하시면 엄청 반가워하실 거예요. 언제 오시는지 저한테 물어보시더라고요.

켈리: 그분이 그러셨어요? 클리닉에서 볼 때 수술한 후 아침에 보러 갈 거라고 했거든요.

케이트: 그리고 제닌 선생님. 그 환자분을 위한 레퍼럴을 받으셨나요? 지난밤에 린 간호사가 팩스로 보냈거든요.

제닌 (사회 복지사): 네 받았어요. 가사 도움 때문인 거죠?

케이트: 맞아요. 스미스 씨는 관절염을 앓고 계신 부인과 살고 계세요. 그분이 주요 간호인데 불행하게도 지금 입원하고 있어서 그 부인분을 위한 도움이 필요해요. 지금은 그분들 딸이 호주에서 와서 돌봐 드리고 있는데 이번 달 말에 다시 돌아가야 한대요.

제닌: 걱정 마세요. 오늘 점심시간 후에 만나 볼게요. 혹시 몇 시에 가족분들이 면회 오는지 아세요?

케이트: 언제 오는지는 잘 모르겠어요. 그분들 오시면 호출할까요?

제닌: 아뇨, 괜찮아요. 먼저 환자분 만나고 내가 가족분들 연락하는 거 괜찮다고 하시면 그 부인분께 전화할게요. 그녀의 전화번호가 여기 있네요. 아! 그 따님 전화번호도 있네요.

케이트: 사실 그 따님이 사회복지사 도움 요청한 거예요. 그분이 호주에서도 사회복지사로 일하고 있다고 합니다.

제닌: 그거 좋네요. 이름이 뭐라 했죠? 여기 있네요. 메리 핸더슨 씨. 좋아요. 일단 환자분 먼저 만나 본 후 따님과 연락해 볼게요.

케이트: 그것 말고 스미스 씨는 잘 계십니다. 다음은 10-2에 계신 코트 씨. 복부 상처 감염으로 인해서 입원하신 지 3일 되었습니다. 그분은 지난달에 개방 S상 결장절제술과 장루형성술을 받으셨고 우리 병동에서 퇴원하셨어요. 하지만 배 수술부위 감염으로 재입원하셨고 3일째입니다. 걱정이 되는 건 감염부위에 PICO 드레싱을 하고 있는데 드레싱이 굉장히 빨리 젖고 있어요. 새 PICO 드레싱으로 교체한 이후로 거의 이틀에 한 번씩 교체하고 있는 실정이에요. 어제 상처 주위로 붉게 변한 부분에 표시를 해놓았는데 점점 표시 부분 너머로 번지고 있어요. 활력징후는 정상범위에 있지만 저는 PICO 드레싱보다는 VAC 드레싱으로 바꾸는 걸 추천해요. 마침 그분 감염부위와 VAC 드레싱 교체 관련하여 담당 외과팀을 호출하려는데 코트씨를 보러 외과팀이 당도했어요. 그들도 PICO를 계속 유지하는 것보다 VAC 드레싱으로 교체하는 것에 동의한 거예요. 모든 일이 한꺼번에 일어나서 좀 바빴어요.

핍: 그게 맞는 말 같군요. 훌륭합니다. 항생제는요? 외과팀이 항생제 바꾸고 싶어 하지 않나요?

케이트: 아니요. 혈액검사상에서 많이 호전된 것을 보아서 일단은 같은 항생제를 유지하려고 합니다. 그렇지만 상처 부위에 붉은 부분이 점점 커진다고는 이야기 했어요.

핍: 아주 잘했어요. 케이트 간호사. 그 환자분은 MDT로부터 어떤 도움이 필요한가요?

케이트: 혼자 살긴 하지만 독립적인 분입니다. 그래서 MDT 도움은 거절하셨고요. 지난번 입원하셨을 때도 같은 이유로 MDT가 그분 간호에 개입 안 했지요. 그렇지만 지속적인 상처 관리를 위해선 지역사회 간호사들의 도움은

필요할 거예요.

핍: 좋습니다. 나도 그 환자분 스스로 잘하고 있는 거 인정합니다. 켈리 선생님은 어떻게 생각하세요?

켈리: 선생님 말씀이 맞아요. 장루 관리 측면에서도 굉장히 잘하고 계세요. 그래서 지금은 그 환자분 걱정 별로 안 합니다. 하지만 퇴원하실 때까지는 신경 쓰고 있을 거예요.

케이트: 훌륭합니다. 이삭 그렌다. 17살 남자아이로 맹장염으로 입원했어요. 수술 예정이며 오늘 오후에 첫 번째로 수술받을 예정입니다. 지지적인 부모님과 함께 살고 있어서 MDT 도움이 필요할 것 같지 않아요. 수술 후에 아마도 물리 치료사의 도움이 필요할지도 모르겠지만 지금은 아닙니다. 내일 그 환자 다시 돌보면 알려 줄게요.

핍: 그럴 거라는 거 당연히 알아요.

케이트: 마지막으로 크리스 스미스 씨. 그 방에 스미스 씨가 두 분이 계세요. 10-1호에 계신 존 스미스 씨와 지금 말하고 있는 10-4호 크리스 씨. 그 환자분은 4일 전에 오른쪽 정강이 쪽에 괴사조직 제거술을 받으셨고 담당 외과팀이 경과가 좋다고 말했어요. 제 말은 의사들의 소견으로 좋다고요. 그래서 오늘 퇴원해도 된답니다.

수 (물리치료사): 외과팀이 그렇게 말했어요? 좀 흥미롭군요. 어제 내가 그 환자분 거동시키는데 사지 근력에 힘이 많이 달리던데요. 의자에서 일어서는 것도 많이 힘들어했고 병동 주위를 걷는 데도 오랜 시간이 걸렸어요. 이 시점에서 집에 가는 건 정말 위험합니다. 문제는 그분은 집에서 안락의자를 사용하시는데 너무 편하고 좋은 거죠. 일어서는 데 근육을 사용할 필요도 없고 그냥 버튼만 누르면 자동적으로 도와주니까요. 지금 퇴원한다면 근력을 거의 다 잃어버릴 것이고 그게 내가 염려하는 부분입니다.

케이트: 나도 같은 생각입니다. 외과팀이 그 이야기 했을 때 나도 아직 퇴원은 이르다고 이야기했어요. 그들은 의사 소견상 좋다고 한 것이고 우리가 안전하게 퇴원할 수 있다고 확신할 때까지 아직 보낼 수 없지요.

핍: 재활병동으로 보내 드리는 것은 어떨까요? 그 환자분은 응급외과 병동에 있을 필요가 없는 상태이고 근력을 키우는 일만 남았으면 재활병동이 그분에게 가장 적합한 곳인 것 같아요.

케이트: 그것이 그 환자분께 좋겠군요. 나도 동의합니다.

수: 그럼 나는 그 환자분의 거동상태 다시 한번 살펴보고 의사들에게 재활병동으로 옮기는 거 제안해 볼게요.

케이트: 좋습니다. 나도 그 팀에게 말할게요. 그게 그 환자분을 위한 최선인 것 같아요. 그러니 외과팀도 재활병동으로 가는 거 도움 요청할 거라고 확신해요. 자, 모든 게 잘되고 있는 것 같습니다. 여기까지가 저희 행복한 환자분들 이야기였어요.

핍: 훌륭합니다. 케이트 간호사. 피터 간호사를 좀 찾아 주실래요?

케이트: 네, 7호실 어딘가에 있는 게 분명해요. 아까 오다가 그의 목소리를 들었거든요.

핍: 고마워요.

21. 환자 몸무게 측정하기

미아: 안녕하세요 폴. 미아 간호사입니다.

폴: 안녕하세요, 미아 선생님. 학생과 같이 왔군요.

미아: 네 맞아요. 오늘 저와 함께 일하게 된 학생 간호사 니콜이에요. 니콜은 지금 간호학과 3학년이고요. 우리 병동에서 6주 동안 실습할 거예요. 메리 간호사가 프리셉터인데 지금 휴가 중이어서 그녀가 복귀하기 전까지 제가 프리셉터입니다. 니콜이 오늘은 학생이지만 우리 병원에서 임시직 간호보조원으로 일하고 있어요.

니콜: 좋은 아침입니다. 헤링턴 씨. 아시는 바와 같이 제 이름은 니콜입니다. 만나서 반가워요.

폴: 안녕하세요, 니콜. 아주 부지런하고 열심히 사는 학생이군요.

미아: 저도 동의합니다. 니콜은 오늘 하루 동안 저를 따라다니며 관찰할 건데 괜찮으시다면 제 감독하에 오늘 환자분의 간호에도 같이 동참할 것입니다.

폴: 전 괜찮아요. 나의 손녀 중의 하나도 호주에서 올해 간호학교에 입학했어요. 그래서 간호 학생들이 뭘 하는지 보는 건 참 즐거울 것 같군요.

니콜: 감사합니다. 당신이 손녀분께 간호학생에 대해서 좋은 부분을 말씀하실 수 있도록 제가 더 잘해야겠어요.

폴: 부담 갖지 말고 하세요. 미아 간호사님과 있어서 괜찮을 거예요.

미아: 자 그럼 간호사들이 하는 가장 첫 임무인 활력징후를 살펴볼까요?

폴: 그러시죠.

미아: 활력징후들은 다 좋고 정상 범위 안에 있습니다. 폴 님, 어제 우리가 정맥 영양주사 때문에 매일 몸무게 재야 한다는 것에 대해 상의했던 것 기억하세요?

폴: 네, 간호사님이 어제 나는 매일 몸무게 재야 한다고 말했잖아요. 가능하다면 매일 아침 같은 시간에 하라고 했는데. 맞지요?

미아: 맞아요. 그래서 어젠 제가 체중계를 가지고 왔는데 오늘은 아니에요. 간호실까지 걸어가서 입식 체중계로 몸무게를 재는 것은 어떨까요? 좀 강압적으로 들리실지는 모르겠지만 병원 입원 중 생길 수 있는 혈전이나 폐렴 같은 합병증을 예방하는 것이 정말 중요한데 활동량을 늘리면 그런 것들을 예방할 수 있거든요. 걸으실 때 환자분의 거동에 대해서도 잘 살펴볼 수 있고 또 어떤 보행기가 적절한지도 볼 수 있어요. 물론 가시는 길까지 저희가 도와드리고요.

폴: 문제없어요. 작년에 낙상한 이후로 집에서 워커를 사용했는데 앰뷸런스 타고 응급실로 바로 들어와서 아무도 워커 가져올 생각을 못 했어요.

미아: 그럼 거동을 어떻게 하시는지 알아볼 수 있는 적절한 시간이네요. 좋습니다. 시작해 볼까요? 지금 어떠세요?

폴: 어제보단 훨씬 활기차요. 어젠 정말 진이 다 빠진 느낌이었어요.

미아: 정맥 영양주사가 효과를 발휘하는 것 같군요. 지금 병원 워커를 사용해 볼까요?

폴: 좋은 생각입니다. 내 워커가 없어서 좀 걱정했어요.

미아: 니콜, 보관실에서 워커를 갖다줄 수 있나요?

니콜: 그럼요. 탈의실 옆에 있는 보관실 말씀하는 거지요?

미아: 맞아요. 고마워요.

니콜: 잠깐만 기다려 주세요.

미아: 폴 님, 똑바로 앉아서 침대 밖으로 다리를 내리고 저를 보고 앉으실 수 있을까요?

폴: 그럼요.

미아: 서기 전에 준비할 시간이 필요할 겁니다. 일단 다리를 앞, 뒤, 양옆으로 까딱 거리면서 움직여 보세요. 다리를 쭉 펴 보기도 하고요. 좋습니다. 발이 땅에 닿도록 제 쪽으로 조금만 더 가까이 오세요. 어떠세요?

폴: 처음 걸음마 배우는 아기가 된 것 같군요. 나는 다 좋습니다. 미아 선생님.

미아: 이 운동은 일어서기 전에 혈압이 떨어질 가능성이 없도록 도와줄 거예요.

니콜: 미아 선생님, 이게 찾으시던 거 맞죠?

미아: 네 맞아요. 고마워요, 니콜. 자 폴 님. 이런 워커 사용해 보신 적 있어요?

폴: 내 거랑 거의 비슷한데요.

미아: 좋습니다. 준비가 되셨다면 워커를 어떻게 사용하시는지 보여 주시겠어요? 어지럽거나 뭔가 불안정하면 바로 알려 주세요.

폴: 네, 미끄러지거나 균형을 잃지 않도록 일어서기 전에 브레이크를 잘 걸어 둡니다. 워커 쪽으로 좀 더 당겨 앉아야겠군요. 일어서기 쉽도록 침대를 좀 더 올리고요.

미아: 아주 잘하고 계세요. 발 쪽으로는 안정감을 느끼시나요?

폴: 네 좋아요.

미아: 걸으시는 동안 저게 이 수액 거치대를 밀게요. 이건 달리기 경주 같은 거 아니니까 천천히 하세요.

폴: 마음은 벌써 거기에 당도했지만 말씀하신 대로 천천히 갈게요. 음, 나쁘지 않군요. 잘하고 있는 것 같죠?

미아: 아주 잘하고 계십니다. 폴님, 거의 다 왔어요. 저 앞에 문 두 개를 지나서 왼쪽으로 돌 겁니다. 혹시 누가 댁에서 쓰시던 워커를 가져올 수 있을지 궁금하네요. 그러면 입원해 계시는 동안 계속 사용할 수 있을 텐데요.

폴: 음, 세라가 오후에 아이들을 학교에서 픽업하고 잠깐 들린다고 했는데, 그녀가 내 워커를 갖다줄 수 있겠군요.

미아: 죄송하지만 세라가 누구요?

미아: 세라는 나의 의붓딸입니다. 그거 가지고 오라고 부탁을 할게요.

미아: 좋습니다. 우리 거의 다 왔어요. 자 여기 입식 체중계가 있어요. 여기서 하셔야 할 것은 워커를 잡는 대신 이 안전대를 잘 잡고 체중계에 올라서야 하는 겁니다. 그러면 제가 워커를 좀 멀리 놓을게요. 하실 수 있겠어요?

폴: 네, 할 수 있어요. 이 워커를 옆으로 놓고 안전대를 잡고… 체중계에 올라선다. 쉬운데요.

미아: 화면에 뜬 몸무게를 읽어 주실래요?

폴: 69… 아니면 68. 아, 68킬로그램입니다.

미아: 어젠 67.5 킬로그램이었는데, 그렇죠?

폴: 맞아요. 그랬어요.

미아: 아주 좋은데요. 침대로 돌아가기 전에 조금만 더 걸으실까요?

폴: 나는 좋은데 당신이 좀 바쁘잖아요.

미아: 니콜이 걸으시는 동안 동무해 줄 수 있을 것 같은데요. 너무 멀리 가실 필요는 없고 저 복도 끝까지 갔다가 다시 돌아오세요. 그러는 동안 저는 제 환자분들 아침약 드리는 것을 끝낼 수 있을 것 같아요. 니콜, 할 수 있나요?

니콜: 그럼요, 해링턴 씨 제가 도와드리는 거 괜찮으세요?

폴: 그럼요, 니콜.

22. 체위 변경

미아: 수잔, 당신은 충분히 오랫동안 똑바로 누워 있었어요. 이제 체위 변경을 할 시간입니다.

수잔: 또요? 귀찮은데. 저 지금 딱 좋아요.

미아: 아주 편안해 보이지만 당신도 알다시피 체위 변경은 아주 중요해요. 알죠? 매 두 시간마다 우리는 당신의 체위를 변경해야 해요. 그리고 당신은 침대 머리 쪽으로 좀 더 올라와야겠어요. 당신 발이 거의 침대 발판 쪽에 닿겠는걸요.

수잔: 당신 말이 맞아요. 점점 밑으로 미끄러져 내려가고 있어요. 지금 바로 해요. 그래야 앞으로 두 시간 동안 아무도 날 귀찮게 안 할 테니. 지금 굉장히 중요한 장면을 보고 있었거든요.

미아: 방해해서 미안해요. 근데 뭘 시청하고 있었나요? 아! 그거요? 나는 이미 다 봐서 무슨 일이 생길지 다 아는데.

수잔: 안 돼요, 안 돼. 절대 말하지 마세요.

미아: 말하고 싶지만 안 할게요. 걱정 말아요. 침대를 내 허리 높이까지 높일게요. 그래야 허리 다칠 일이 없으니. 사생활 보호를 위해서 커튼을 치고요. 이불을 걷고 발 밑으로 받쳐 놓은 베개를 뺄게요. 이번엔 어느 쪽으로 돌려 눕고 싶으세요?

수잔: 오른쪽으로요. 그래야 핸드폰 충전기에 쉽게 닿을 수 있어요. 잠시만요. 진통제 팬던트가 어디 있지? 찾았다. 아프기 전에 버튼을 누르는 게 좋겠어요. 아픈 건 정말 질색이에요.

미아: 잘하고 있군요. 수잔. 그러라고 환자 조절 진통제 기계를 갖고 있는 것이거든요. 적시에 잘 사용해서 참 좋군요. 일단 체위 변경을 돕기 위해서 당신 몸 밑으로 두 장의 미끄러운 시트를 깔 거예요. 오른쪽에 있는 침대 안전대를 잡아 살짝 당길 수 있나요? 그러는 동안 등 밑으로 이 시트들을 밀어 넣을게요. 네 바로 그거예요. 잘했어요. 다시 똑바로 누운 후 반대쪽으로 살짝 돌아누워 볼까요? 그러면 당신 몸 밑으로 그 시트들을 평평하게 펼 거예요. 시트들이 좋은 위치에 잘 펴졌군요. 다시 등으로 똑바로 누워 주세요. 중력을 이용해서 당신을 침대 머리 쪽으로 쉽게 옮기기 위해서 침대 머리 쪽을 살짝 내릴 거예요. 자 갑니다. 무릎을 살짝 굽힌 후 양손으로 침대 헤드보드를 잡아주세요. 내가 당신 발을 지지해 주면 당신은 위쪽으로 몸을 살짝 밀어 주세요. 살짝 밀어야 해요. 헤드보드에 당신 머리가 부딪치는 거 보고 싶지 않아요.

수잔: 저 그렇게 원기 왕성한 여자 아니랍니다. 지금 밀까요?

미아: 네, 당신 발을 잡고 있으니 지금 미세요. 잘했어요. 이 미끄러운 시트를 이용하면 정말 편리하고 훌륭하게 일을 할 수 있어요. 지금 당신 침대를 다시 수평으로 만들어 놓을게요. 다음은? 맞다. 당신을 오른쪽으로 돌려 눕히는 것. 조금 전에 한 것과 마찬가지로 오른쪽 침대 안전바를 잡으세요. 당신이 그것을 잡고 있는 동안 내가 위에 있는 시트를 잡아당길 겁니다. 그러면 아주 쉽고 편안하게 당신이 돌아누울 수 있어요. 준비됐나요?

수잔: 살짝 잡고…

미아: 준비하고, 자, 잡아당깁니다.

수잔: 와 진짜 금방 되네요?

미아: 그렇다니까요. 다 됐어요. 우리가 환자분 거동을 도울 때 제대로 된 도구를 사용하면 다치는 것 없이 환자들의 체위 변경을 도울 수 있고 시간도 절약할 수 있지요. 자 그럼 이 미끄러운 시트를 빼 볼까요? 안 그럼 당신은 또 미끄러져 내려갈 거예요. 왼쪽 다리를 들어 보세요. 다리 사이에 베개를 받쳐 줄게요. 그리고 머리 밑에도 베개 하나 더. 편안한가요?

수잔: 아주 편안해요. 이불을 덮어 주시면 아주 좋을 것 같아요. 고마워요.

미아: 그럼요. 자 등과 꼬리뼈 부위를 살펴볼게요. 피부가 모두 정상이군요. 뭐 붉거나 상처 나거나 한 부분이 없어요. 좋아요. 충분히 따뜻한가요?

수잔: 네 좋아요. 고마워요 미아 간호사님.

미아: 영화 즐겁게 보세요.

23. 환자와 협력해서 일하기

미아: 제니 님, 저 미아 간호사예요. 좀 어떠신가요?

제니: 아직 아프고 졸려요. 더 자고 싶어요.

미아: 컨디션이 좋지 못하다니 유감이군요. 당신은 맹장수술 하는 동안 전신마취상태에 있었어요. 어제 아침에 설명한 대로 맹장이 터져서 간단하게 맹장만 제거하는 것에 비교하면 좀 복잡하고 긴 수술이었어요.

제니: 맞아요. 그래서 엄청 피곤해요.

미아: 그래서 아프고 졸린 것은 당연할 거예요. 그렇지만 지금 가장 중요한 것은 수술 후에 있을 생길 수 있는 합병증을 예방하게는 급선무예요.

제니: 의사 선생님이 제 배는 깨끗하고 수술도 잘 되었다고 하셨어요. 간호사님도 거기 계셨잖아요. 그쵸? 모든 게 다 잘 됐어요. 근데 뭘 또 해야 하나요? 저 장난하는 거 아니에요. 움직일때 정말 아파서 아무것도 안 하고 싶고 수면이 필요해요.

미아: 나도 거기 있어서 다 들었어요. 우리 모두 수술이 잘 된 것을 기뻐했죠. 그리고 의사 선생님이 가기 전에 하신 말씀 기억해요?

제니: 뭔데요?

미아: 담당 간호사 선생님 말씀 잘 듣기.

제니: 아… 네. 기억해요.

미아: 상처 감염, 폐렴이나 혈전 같은 불필요하고 안 좋은 것 없이 잘 회복하는 거 도와주려는 것뿐이지 일부러 귀찮게 하려는 게 아니랍니다. 그러려면 지금 당장 무언가를 해야 하는데 나 혼자는 못 해요. 우리가 같이 협력을 해야 한답니다.

제니: 알겠어요. 저도 그런 안 좋은 문제가 생기는 거 원치 않아요. 제가 뭘 해야 하나요?

미아: 착하네요. 맨 먼저, 당신은 전신마취하면서 수술 방에서 몇 시간을 있었고 수술 중엔 인공호흡 기계의 도움을 받았답니다. 이런 경우에 당신의 폐는 정상적으로 확장되지 않아요. 또 기침 기전도 활발하지 않아서 전신마취를 했던 환자분들은 폐렴에 걸릴 위험이 많아요. 그래서 심호흡을 하거나 기침을 하는 것 같은 가슴 운동을 하는 게 중요해요. 심호흡을 하면 당신의 폐가 확장이 되고 폐의 밑부분까지 공기가 교환이 잘 되지요. 기침은 가래 같은 분비물을 제거해서 기도를 깨끗하게 유지하는 데 도움을 주고요.

제니: 이해는 하는데 몸을 옆으로 움직이는 것만으로도 아주 아파요.

미아: 아픈데 그렇게 하라는 게 아니에요. 그건 좀 아니지요. 여러 개의 진통제를 줄 수가 있고 운동을 하기 전에 그 진통제들을 줄 거예요. 어떻게 생각해요?

제니: 좋아요.

미아: 0에서 10까지 숫자 중에서 지금 통증 수치가 얼마나 되나요?

제니: 안 움직이면 1 정도 되지만 움직이면 5 이상으로 올라가요.

미아: 먼저 진통제를 먹는 것으로 시작하고 약효가 발휘되면 그때 운동을 해보겠습니다.

24. 심호흡과 기침을 위한 교육

미아: 아픈 건 좀 어떤가요?

제니: 움직이면 10중에 2 정도로 아프고 쉴 때는 안 아파요.

미아: 진통제가 잘 듣고 있군요. 자 그럼 산소포화도를 좀 볼까요. 92퍼센트인데 당신에겐 그다지 좋은 숫자는 아니군요. 당신이 호흡기나 심장에 문제가 없다면 95퍼센트 이상은 되어야 해요. 먼저 할 수 있는 대로 똑바로 앉아 보세요. 이 자세는 폐가 확장되도록 도와줄 거예요.

제니: 이렇게요?

미아: 잘했어요. 천천히 그리고 깊게 코로 숨을 들이마셔 보세요. 숨을 들이키는 동안 가슴이 올라오는 대신 배가 올라와야 합니다. 그러기 위해선 숨을 들이쉴 때 횡격막을 밑으로 당기도록 해보세요. 그리고 숨을 5초 정도 멈추세요. 그리고 코와 입으로 천천히 숨을 내뱉습니다. 횡격막을 이용해서 폐에 있는 공기를 밀어내는 거예요. 이 운동을 다섯 번 반복합니다. 다시 반복하기 전에 잠깐 쉴 거예요. 그게 한 사이클이고 우리는 세 번의 사이클을 할 거예요. 할 수 있겠어요?

제니: 그럼요. 똑바로 앉아서… 심호흡을 하고 5초 정도 참고 천천히 내쉬고, 다섯 번 반복하고 그렇게 세 번을 더 반복하는 것이죠?

미아: 아주 똑똑한데요.

(3회 반복 후)

마아: 아주 잘했어요. 다음은 기침을 효과적으로 하는 것. 기침을 너무 심하게 하면 복강 내 압력이 올라가서 좀 아프거나 불편할 수도 있고 수술 부위에 영향을 미칠 수가 있어요. 그런 일이 생기면 안 되겠죠.

제니: 무서워요. 그럼 어떻게 기침을 하나요?

미아: 베개나 접은 수건으로 배를 지지하고 기침할 땐 손으로 수술 부위를 지지합니다. 어떻게 하는지 보여 줄게요. 몸을 약간 앞으로 숙인 후 베개를 끌어안듯이 배 위에 베개를 둡니다. 손으로 수술 부위를 지지하여 좀 더 지지를 해주는 거예요. 티슈로 입을 가린 후 심호흡을 한 후 입을 통해서 짧고 강하게 세 번에 걸쳐 숨을 내뱉는 거예요. 콜록! 콜록! 콜록! 자 해보실래요?

제니: 콜록! 콜록! 콜록!

미아: 아주 잘했어요. 제니. 그럼 산소 포화도가 얼마나 개선이 되었는지 한번 볼까요? 와 보세요. 지금은 98퍼센트입니다. 잘했어요.

제니: 와! 대단해요.

25. 환자 찾는 것 도와주기

미아: 저기요, 괜찮으세요?

폴: 아니요, 우리가 길을 잃은 것 같아요.

미아: 저는 미아라고 하고요. 이 병동에서 일하는 간호사예요. 병문안 오셨나요?

수(폴 씨의 부인): 우리는 롭 씨를 찾고 있는데 우리 친구거든요. 어제 그가 4층으로 입원했다고 이야기했어요. 우린 이제 막 엘리베이터에서 내렸거든요. 우리가 4층에 있는 거 맞지요?

미아: 네 맞아요. 몇호실에 계신지 아세요?

폴: 아뇨, 몰라요. 그 친구가 그냥 4층이라고만 했어요. 조금 더 자세히 물어볼 걸 그랬어요. 깜짝 놀래켜 주려고 한 건데.

미아: 그 친구분께서 두 분이 병문안 온 거 알면 엄청 좋아하실 거예요. 우리 환자분들 명단 좀 볼게요. 환자분 성함이 어떻게 되시나요? 롭 씨라고 하셨죠?

수: 롭 윌리엄스 씨요. 그렇죠? 폴?

폴: 맞아요, 우린 그를 롭이라고 부르는데 로버트 윌리엄스가 정식 이름입니다.

미아: 로버트 윌리엄스 씨… 음… 우리 환자분 명단에는 안 계시는군요. 아마도 퇴원하셨을지도 모르겠어요. 우리 병동 사무원에게 가 보죠. 그녀는 그 환자분이 어디 계신지 알 거예요.
수: 정말 고마운데 우리가 간호사님을 너무 오래 붙잡고 있는 것 같아 미안해요. 많이 바쁘시잖아요.
미아: 저는 괜찮아요. 아, 저기 있네요. 제인! 이분들을 좀 도와주실 수 있나요? 환자분을 찾고 계신데 우리 환자분 명단에는 안 계시네요.
제인: 그분 성함이 어떻게 되시나요?
수: 정식 이름은 로버트 윌리엄스입니다.
제인: 아, 윌리엄스 씨요? 그분 오늘 아침에 내과 병동 5로 옮겨 가셨어요. 우리는 외과 병동이라서 만약에 우리 병동에 내과 환자분이 입원하시면 가능하면 빨리 내과 병동에 병실이 생기는 대로 그분들을 위해서 옮겨 드려요. 그분이 어디 계신지 찾아볼게요. 5병동 10호실에 계시는군요.
미아: 5병동은 3층에 있어요.
폴: 그 친구 찾는 게 큰일이군요. 오늘 병문안 올 거라고 진작에 말할 것을 그랬어요. 도와주셔서 감사합니다.
미아: 괜찮으시면 제가 5병동까지 안내해 드릴게요. 저는 아직 휴식시간 중이거든요.
수: 어머나, 천사가 여기 있었네요. 우리에겐 좀 힘든 일일 것 같았어요. 여기서는 어떻게 할지 전혀 모르겠어요. 우리를 거기까지 데려다주신다면 정말 고맙겠습니다.
미아: 별말씀을요. 저도 신규간호사였을 때 병원 카페에서 돌아올 때 길을 잃었었거든요. 병원 안은 마치 미로 같았어요. 어떻게 해야 할지 모르는 그 느낌 저도 알아요. 그럼 가 볼까요?

26. 금연 권장하기
미아: 팀님, 호출하셨나요? 뭐 도와드릴까요? 이런, 식은땀이 나고 좀 창백해 보이는데, 괜찮으세요?
팀: 토할 것 같아요. 많이 울렁거리고 아파요. 아 이런, 괴롭네요.
미아: 안 좋으신 것 같군요. 활력징후랑 혈당을 재 볼게요. 한 시간 전에 활력징후 쟀을 때는 방문객분들과 웃으며 이야기하셨잖아요. 활력징후도 다 좋았는데. 혹시 모르니 여기 구토 주머니가 있어요. 음… 심박동이 좀 빠른 것 빼놓고는 다 괜찮습니다. 혈당도 정상이고요. 의사 선생님 부르기 전에 심장 리듬을 봐야 하니까 심전도를 찍을게요.
미아: 팀님, 의사 선생님이 곧 와서 봐 주실 거예요. 오심을 위한 약을 드릴까요? 구토방지제가 이미 처방되어 있거든요.
팀: 좀 괜찮아졌어요. 정말 고통스러웠는데 지금은 약 안 먹어도 괜찮을 것 같아요. 위가 막 울렁거리고 갑자기 구토할 것 같았거든요. 하나님 감사합니다. 병동으로 돌아오는 길에 토하지 않아서 얼마나 다행인지 몰라요.
미아: 어디 다녀오셨어요?
팀: 네, 친구들 배웅 간 김에 잘 회복된 거 기념으로 같이 담배를 피우려고 나갔다 왔어요. 그 친구들과 있을 땐 괜찮았는데 엘리베이터 타고 올라오는데 갑자기 울렁거리고 식은땀이 나더라고요. 여기까지 어떻게 왔는지 모르겠더라고요.
미아: 흡연하신 지 얼마나 되셨어요?
팀: 한 20년 정도 될 겁니다.
미아: 그 증상들이 흡연과 관련됐다고 단정지을 수는 없지만 입원하신 김에 금연 시도해 보는 것은 어떤가요? 당신의 건강을 위해서도 좋을 것 같아요. 담배가 해롭다는 것은 아시잖아요. 그렇죠?
팀: 간호사님 말씀이 맞을 수도 있어요. 어제도 흡연 후에 비슷한 증상이 있었거든요. 근데 간호사님 충고에도 불구하고 아래층에 갔다 와서 아무한테도 말하지 않았거든요. 그런데 다시 이런 일이 생긴 거예요.
미아: 진작 말씀을 해주셨으면 좋았을 텐데요. 금연팀을 만나 보시겠어요? 그분들이 도와주실 거예요.
팀: 금연을 수없이 시도했었는데 그때마다 실패해서 좀 부끄럽습니다.
미아: 아주 끈기가 있으신 분이신걸요. 매번 힘들어도 무수히 시도하신 거니까요. 건강전문가들의 조언을 찾으신 적은 있으신가요?

팀: 아니요, 그냥 저 혼자 시도해 왔던 거예요.

미아: 제 생각엔 우리의 든든한 금연팀과 함께 금연하실 수 있는 아주 좋은 타이밍인 것 같아요. 제가 그분들께 도움을 요청하는 것이 괜찮으신가요? 그분들은 만나서 당신을 위한 개별적인 계획을 세우는 것을 아주 기뻐할 거예요. 그분들께 가능하면 빨리 오라고 부탁할게요.

팀: 저는 개의치 않아요. 간호사님이 말씀하신 대로 좋은 기회인지도 모르겠군요. 그렇지만 그분들이 어떻게 저를 도울 수 있을지는 잘 모르겠어요.

미아: 그들은 풍부한 경험과 전문적인 지식, 자료들, 그리고 니코틴 패치나 껌, 사탕 같은 보조제들로 아주 오랫동안 흡연하신 분들도 도와주시는 전문가들입니다. 그들이 당신을 위한 최선의 방법을 찾을 거예요. 금연 결정을 하신 것에 제가 다 기쁘네요.

팀: 격려해 주셔서 감사합니다. 혹시 또 실패하더라도 시도했다는 것만으로도 가치 있는 일인 것 같아요.

미아: 아주 훌륭합니다. 저기 의사 선생님 오시네요. 안녕하세요, 토니 선생님.

27. 동료와의 대화 (2)

수: 와, 밖에 비가 엄청나게 온다. 거의 다 젖었네. 안녕하세요. 미아 선생님. 오늘 밤 근무세요? 근무표에 선생님 이름 없던데요?

미아: 안녕하세요 수 (Sue) 선생님. 원래는 오후 근무였는데 앤드류 선생님이 자기 밤 근무 두 개를 제 근무랑 바꿔 줄 수 있냐고 전화가 왔어요. 어차피 저는 그 근무 뒤엔 휴가를 갈 것이라서 밤 근무 하는 것이 별로 문제가 되지 않았거든요.

수: 좋겠다. 휴가를 얼마 동안 다녀오나요?

미아: 4주 동안이요. 엄청 흥분돼요.

수: 와, 좋겠다. 뭘 할건데요? 계획 있어요?

미아: 글쎄요. 사람들이 자꾸 물어보는데 저는 계획이 없어요. 저는 원래 집에 있는 것을 좋아하는 사람이거든요. 근데 제 여동생은 저랑 완전히 달라요. 그 애는 바깥일을 엄청 좋아해서 우리가 어릴 때 부모님께서 좀 고생을 하셨지요.

수: 부모님께서 어떠셨을지 짐작이 갑니다. 내 아들 두 명도 서로 완전히 다르거든요. 그래서 가끔 나를 미칠 지경까지 몰기도 한답니다. 나는 집에서 아무런 방해 없이 편안하게 요리하고, 청소, 빨래 그리고 정원 가꾸고 이런 거 좋아하거든요. 근데 문제는 남편 포함해서 아들 세 명은 나를 한시도 평화롭게 두지 않아요.

미아: 당신이 가족들한테 얼마나 사랑받는 엄마이고 아내인지 느껴지는데요. 저는 보고 싶었던 책이나 영화 목록이 있긴 해요. 그렇지만 책보고 영화 볼 시간이 있을지는 모르겠어요.

수: 왜 몰라요?

미아: 두 번째 과제 마감기한이 얼마 안 남았고 쉬면서 다음 과제 준비하고 매주마다 보는 시험도 준비해야 하거든요.

수: 아니, 정말. 귀중한 연휴를 그렇게 공부만 하면서 보내면 안 돼요.

미아: 알지만 그게 저의 우선순위인걸요. 이게 대학원의 마지막 과목이에요. 그 후엔 전 자유인이 될 겁니다.

수: 그 공부 후엔 정말 자유인이 될 거라 확신해요? 장담하는데 "저 지금 박사과정 공부해요."라고 할걸요.

미아: 절대 아니에요. 음 … 대학원 바로 끝나고는 안 할 거예요. 좀 더 미래엔 모르지만요.

수: 당신은 학구파군요. 좋은 거죠. 날씨가 점점 추워지니까 감기 안 걸리게 몸 관리는 잘해야 해요.

미아: 맞아요. 지난번 학기에 감기 심하게 걸렸는데 그 과제를 어떻게 통과했는지 잘 모르겠어요. 기적이었어요. 그렇게 아파 보는 건 처음이었어요. 정말 스스로 건강 조심해야 해서 항상 염두에 두고 있어요.

수: 좋아요. 그나저나 인계 시간 다 되어 가는데 다른 사람들은 어디 있죠? 잭과 엠마 말이에요.

미아: 밖에 비 오니까 아마도 주차할 곳을 찾으며 고생하는 것 아님 교통체증 때문인가 싶은데요.

수: 그렇지 않기를 바라지만 그럴 수도 있겠네요.

28. 동료와의 대화 (3)

미아: … 그래서 6호실 스미스 씨는 가능하면 빨리 당뇨 전문 간호사 선생님께 진료를 받아야 해요. 진료 의뢰서는 어제 보내 났어요. 그분들이 오늘 그 환자분을 최대한 빨리 보았으면 하고 바랍니다.

제니: 아침에 전화해 볼게요. 그 환자분에겐 좀 급한 사안이네요. 고마워요. 미아 선생님. 엄청 피곤해 보여요. 어서 퇴근해서 푹 주무세요.

미아: 네, 어젯밤은 좀 길었어요. 밤근무 다섯 개를 연속으로 했거든요. 그래도 지난밤 근무가 마지막이었어요.

제니: 어머, 다섯 개라고요? 좀 심한데요.

미아: 제가 밤근무를 요청한 거예요. 그래서 괜찮았어요.

제니: 내일 새라 선생님 베이비 샤워에 오실 건가요?

미아: 아 맞다. 공지사항 봤는데 완전히 잊고 있었어요. 상기시켜 줘서 고마워요. 안 그랬으면 베이비 샤워를 완전히 놓쳤을 거예요. 내일 오후 3시 티타임이죠?

제니: 맞아요. 근데 뭐 갖고 오실 건가요?

미아: 아직 아들인지 딸인지 모르죠? 그렇죠?

제니: 모른대요. 아마도 그 부부에게 깜짝 선물이 될 거라고 하더군요. 엄청 기대될 거예요.

미아: 중성적인 색깔로 아기 담요를 하나 준비할까요?

제니: 내가 그녀를 위해서 담요를 떠 놓아서 당신은 다른 것을 생각하는 게 좋을 거예요.

미아: 정말요? 와 이쁘겠다. 선생님이 뜨개질을 잘하신다는 것 잘 알아요. 조지아 선생님 딸을 위해서도 아기 옷 떠 주셨잖아요. 그렇죠? 정말 앙증맞았어요.

제니: 선생님 아기들을 위해서도 하나 만들어 주고 싶은데요. 하지만 내가 은퇴하기 전에 누군가를 만나려면 좀 서두르는 게 좋을걸요.

미아: 그럼 좀 부담스러운데요. 저는 향후 몇 년 안에 누굴 만나서 결혼할 계획이 전혀 없어요. 그나저나 그녀를 위해서 뭘 사야 할까요? 자면서 생각해 봐야겠어요.

제니: 걱정 말고 어서 퇴근하고 푹 자요.

미아: 맞아요. 제니 선생님. 내일 만나요.

29. 동료와의 대화 (4)

케이트: 벤 선생님, 페인트 작업은 잘 되고 있나요?

벤: 차고 빼고는 거의 마쳤어요. 제 아내와 제가 완전히 지쳐서 좀 쉬려고 해요. 우리 집 모든 공간을 페인트칠 하는 건 정말 장기 프로젝트로 해야 할 것 같아요.

케이트: 천천히 해요. 선생님 집이 새집이 아니라면 그건 거의 평생 동안 해야 해요. 한 번에 한 가지씩 하세요. 내가 전에 살던 집은 1930년대에 지어졌어요. 아주 좋은 집이었지만 당신도 알다시피 오래된 집이었죠. 우리의 수고가 끝없이 필요했어요. 지붕을 고치고 나면 울타리에 문제가 생기고. 한 가지 일이 끝나면 다른 일이 우리를 기다리고 있는 거죠. 그래서 새집을 짓자고 결정했죠. 우리 집은 관리가 별로 필요 없어서 나와 브라이언은 정말 행복해요. 당신 집은 얼마나 오래됐나요?

벤: 한 25년 되었을 거예요. 결혼한 이래로 우리가 장만한 첫 집이에요.

케이트: 잘했군요. 그렇게 오래된 집이 아닌데요. 아 참, 우리 집에 페인트 좀 남은 게 있는데. 관심 있으면 알려 줘요.

벤: 진짜요? 무슨 색깔인가요?

케이트: 무슨 색인지 정확히 기억은 안 나지만 밝은 회색이에요. 외부와 내부에서 사용할 수 있어요. 우리가 집을 지을 결정을 하기 전이어서 페인트를 너무 많이 샀어요.

벤: 정말 좋아요. 고마워요. 케이트 선생님. 저 관심이 아주 많아요. 그나저나 크리스마스 때 집들이를 하고 싶은데 어떠세요?

케이트: 진짜 좋을 것 같아요. 모두 다 오면 전부 25명일 텐데. 하지만 다 온다고 추측할 수 없지요. 그래도 대략

20명 정도.

벤: 한 번에 20명 정도의 사람 수용할 수 있어요. 또 가족분들도 같이 와도 좋아요. 우리 뒤뜰이 좀 넓거든요. 제가 바비큐와 음료수를 준비할게요. 오시는 분들에게 음식을 좀 가져오라고 하는 것을 어떻게 생각하세요?

케이트: 당연히 그래야지요, 벤 선생님. 그 사람들을 다 대접하지 않아도 돼요. 내가 그들에게 이메일을 보내서 누가 메인 음식이나 샐러드 그리고 후식을 가져올 수 있는지 알아볼게요. 처음에 잘 준비를 해야지 안 그러면 모두가 후식만 가져올지 모르는 일이거든요.

벤: 좋아요. 그럼 오늘 제가 공지란에 공고하고 오실 수 있는 분들은 이름을 적어 놓으라고 할게요. 그럼 대략 몇 분이 오실지 가늠할 수 있겠죠.

케이트: 좋은 계획입니다. 괜찮다면 크리스마스 저녁 식사 때 그 페인트 가져올게요.

벤: 아주 좋아요. 고마워요 케이트 선생님.

30. 투약 사고에 대해 숙고하기

앤드류: (똑똑) 케이트 선생님. 들어가도 될까요?

케이트: 네, 앤드류 선생님. 들어와 앉으세요.

앤드류: 감사합니다.

케이트: 오늘 하루는 어땠나요?

앤드류: 음… 아시다시피 버거운 하루었어요. 저는 아침에 있었던 투약 사고 때문에 놀라고 압도되었어요. 무엇보다 먼저 저를 지지해 주셔서 정말 감사하다고 말씀드리고 싶어요. 그 일 후에 저 혼자 시간을 가질 수 있도록 도와주시지 않았다면 저는 여전히 충격 속에 있었을 거예요. 선생님 덕분에 저 스스로 진정할 수 있었고 무슨 일을 저질렀는지 숙고해 볼 수 있었어요. 솔직히 제가 투약 사고를 냈다는 것을 자각했을 때 머릿속이 하얗게 변하고 뭘 해야 할지 모르겠더라고요. 그리고 어떻게 그런 부주의하고 어리석은 실수를 했는지 저 스스로에게 화가 났어요. 제가 실수를 했다는 것을 믿을 수가 없었고 환자분께 너무나도 죄송했어요.

케이트: 그 당시에 얼마나 힘들었을지 이해해요. 어떤 순간에도 간호사인 우리들은 환자분들께 그 어떠한 해를 입혀서도 안 되지요. 그러니 우리의 일상에서 환자들에 갈 수 있는 잠재적인 위험까지도 예방하도록 법률과 규칙이 있는 것이겠지요. 그렇게 노력하지만 오늘처럼 예측 불가능한 일은 생길 수가 있는 것이지요. 그래서 오늘 선생님과 그 사고에 대해서 되돌아볼 수 있는 시간을 가지려고 해요. 앤드류 선생님, 괜찮겠어요?

앤드류: 물론이지요. 간절하게 선생님과 그런 시간이 필요해요.

케이트: 좋아요. 그럼 먼저 오늘 아침에 무슨 일이 일어난 것인지 설명해 주실래요?

앤드류: 네. 근무 시작할 때 저는 괜찮았어요. 어제 간호했던 환자분들을 맡았거든요. 그분들을 아침에 만났을 때 다들 좋아 보이셨고 5호실 윌리엄스 씨가 심정지를 일으키기 전까진 제 업무도 제법 괜찮았어요. 환자분들 활력징후를 다 체크하고 약실에서 아침약을 준비하고 있었는데 화장실에서 응급벨이 울리는 것을 들었죠. 아시다시피 윌리엄스 씨였어요. 고맙게도 화장실 청소하시던 분이 환자분과 함께 있었고 응급벨을 바로 누르셔서 즉각적으로 조치를 취할 수가 있었던 거예요. 꽤 순간이었는데 아드레날린이 막 솟구치는 것 같았고 그 환자분 관련 일을 하는 데 거의 한 시간가량 소모됐어요. 아침약 라운딩이 많이 지연되어서 얼른 약을 돌려야 했기 때문에 제가 솔직히 많이 서둘렀어요. 저는 스미스 씨의 약 처방전에서 항생제가 주사에서 먹는 약으로 바뀐 것을 알고 있었어요. 그런데 저는 주사약을 준비한 것이지요. 새라 선생님도 이중 체크를 해주었는데 우리 둘 다 세심하게 체크하지 못했습니다. 저희는 투약경로가 구강으로 변경되었다는 것을 알아차리지 못한 것입니다. 어제도 같은 항생제를 환자분께 드렸기 때문에 의심의 여지 없이 투약을 한 거예요. 다 마칠 때쯤 스미스 씨가 말하길 의사 선생님들이 라운딩 왔을 때 항생제를 먹는 약으로 바꾼다고 말했다는 것을 언급했어요. 갑자기 제가 투약 사고를 냈다는 것을 인지했지요. 처방전을 보니 명백하게 먹는 약으로 처방된 거예요. 정말… 환자분께 먹는 약을 주는 대신 정맥 주사를 주었다고 바로 솔직하게 말씀드리고 사과를 했어요. 그리고 이 항생제는 환자분께서 지난 며칠 동안 맞으신 것과 같은 것이라고 설명 드렸고 담당 의사 선생님과 당신께도 이 사고에 대해서 들으실 거라고 말씀드렸어요. 그 환자분은 정말 관대하고 친절하셨어요. 제가 투약 사고를 냈는데도 오히려 저를 걱정하고

안심시켜 주셨어요. 그분은 괜찮으니 저 보고 진정하도록 차 한 잔 하고 오라고 말씀해 주시더라고요. 제 생각에 그 환자분이 제가 사고 낸 것을 직감하고 곧 실신할 것 같은 걸 보신 거 같아요. 환자분의 활력징후를 체크하고 담당 의사를 호출했어요. 의사 선생님이 스미스 씨를 보러 오셨고 큰 문제 아니라고 설명해 주셨고요. 천만다행으로요. 그래도 제가 투약 관련 규칙을 따르지 않았다는 것은 명백한 사실이죠.

케이트: 그랬군요. 얼마나 바쁜 아침이었을지 알겠어요. 아무도 윌리엄스 씨가 심정지를 일으킬 것이라고 예측을 못했죠. 얼마나 놀라고 스트레스를 받았을지 알겠어요. 그리고 약을 주기 위해서 서둘렀군요. 자 당신이 왜 투약 사고를 냈는지 이유를 좀 생각해 볼까요?

앤드류: 가장 먼저는 제가 아침에 해야 할 일들이 늦어져서 많이 스트레스를 받았어요. 솔직히 말해서 일이 제 컨트롤을 벗어나는 것을 정말 싫어합니다. 일단 정상 궤도에서 벗어난 것을 느꼈고 시간을 맞추려고 막 서둘렀어요. 받아들이긴 싫지만 어쩔 수 없네요. 환자분들의 약을 준비하는 동안 온 정신이 윌리엄스 씨의 심정지 사건에 쏠렸었어요. 제가 그분 활력징후 제대로 체크했고 다른 이상한 것들은 없었지만 제가 혹시라도 심정지 관련된 증상들을 놓친 것은 아닌지 자신이 없더라고요. 스미스 씨의 약 처방을 보고 있었지만 5개의 투약 규칙에 주의를 기울이지 못했어요. 지난번에 항생제 주사를 주었던 지난 경험이 저를 압도했고 그래서 그분 약 처방을 보면서도 먹는 약 대신 항생제 주사를 주었다고 생각합니다.

케이트: 당신 말이 맞아요. 스트레스 상황에 놓이면 쉽게 실수를 하기 쉽습니다. 또 무언가로 인해 주의가 산만해질 때도 주의 깊게 생각하기 쉽지 않게 되죠. 우리가 무언가를 보고 있을지라도 우리는 다르게 지각을 할 수 있어요. 이것을 잘 숙고해 보면서 만약 이런 일이 다시 생긴다면 무엇을 다르게 할 수 있을까요?

앤드류: 음, 명확한 것은 지금 하고 있는 일에 집중을 할 것입니다. 다시 말하면 주의를 잃지 않고 지금 하고 있는 일을 신경 쓴다는 말이지요. 또한 동료들에게 도움을 요청할 것입니다. 제가 바빴지만 다른 사람들에게 도움을 요청하진 않았거든요. 만약 그랬다면 아침 약을 마치느라고 그렇게 서두르지 않았을 거예요. 어느 누구도 제 도움을 거절하지 않았을 거예요. 그들은 항상 돕거든요. 아시다시피 모두들 훌륭한 팀원들이잖아요.

케이트: 아주 중요한 부분을 말했어요. 맞아요. 지금 하고 있는 일에 집중하는 것은 정말 중요한 일이죠. 특별히 약을 준비할 땐요. 만약에 그 시간에 방해를 받는다면 약을 잘못 계산하거나 용량을 잘못 잴 수도 있어요. 당신이 이야기한 것 중에 또 중요한 것은 도움을 요청하는 것이에요. 우리는 우리의 근무를 안전하게 마칠 수 있도록 서로 돕습니다. 우리가 서로를 돕는 동안 동료관계도 향상이 되고 잠재적인 실수나 해를 줄일 수 있어요. 만약에 미래에 이런 비슷한 일을 만나게 된다면 어떻게 대처할 것인지 말해 주세요.

앤드류: 좀 전에 말씀드린 것처럼 지금 하고 있는 일에 집중할 것이고 동료들에게 도움을 구할 것입니다. 그리고 환자분들과 협력해서 일할 거예요. 스미스 씨는 항생제가 바뀌는 것에 대해서 알고 있었어요. 만약 제가 약을 주기 전에 그분과 함께 이야기를 했다면 그 투약 사고는 사전에 예방할 수도 있지 않았을까 합니다.

케이트: 그것도 아주 훌륭한 생각입니다. 당신이 심사숙고하며 고찰할 것이 참 맘에 듭니다. 우리는 우리의 간호에 대해서 항상 숙고하고 반영하여 그것으로부터 배웁니다. 그래서 안전하고 좀 더 발전된 간호를 행하는 것이지요. 그래도 투약 사고는 엄연한 사고지요. 그래서 당신을 위해서 몇 가지 제안해 줄 것이 있어요. 이것은 투약과 관련된 법과 규칙들입니다. 당신이 이미 알고 있는 것이지만 다시 한번 신중하게 읽길 바라요. 또 당신이 할 투약과 관련된 온라인 교육을 추천합니다. 자 여기 당신이 해야 할 목록들입니다. 이 과정을 다 마치도록 2주간의 시간을 줄게요. 어떤가요?

앤드류: 당신의 제안들을 감사드립니다. 제가 하는 일을 재확인하고 환기하는 것이 저에게 좋은 일인 것 같아요.

케이트: 자, 앤드류 선생님. 저에게 당신이 숙고한 것과 생각을 이야기해 줘서 고마워요. 제가 더 도와줄 부분은 없을까요?

앤드류: 아니요. 케이트 선생님. 마음이 많이 풀렸습니다. 선생님의 시간과 지지를 감사드려요.

케이트: 다 좋습니다. 앤드류 선생님. 어서 퇴근하시고 다리 쭉 펴세요.

31. 취업 인터뷰 (1)

케이트: 안녕하세요. 샌드라 씨 맞나요?

샌드라: 안녕하세요. 네, 제가 샌드라입니다.

케이트: 만나서 반가워요. 저는 케이트이고 26병동의 수간호사입니다. 제가 바로 인터뷰 보러 오라고 전화한 사람입니다. 잘 지냈나요?

샌드라: 만나서 반갑습니다. 케이트 선생님. 솔직히 많이 떨리는데 흥분되기도 합니다.

케이트: 듣기 좋군요. 제 사무실로 갈게요. 저 말고도 인터뷰하실 분들이 두 분이 더 있어요. 저와 함께 가시죠.

샌드라: 감사합니다.

케이트: 오클랜드에서 내려왔죠? 오늘 아침 비행기로 왔나요?

샌드라: 이틀 전에 부모님 댁에 도착했어요. 이곳 팔미는 제 고향입니다.

케이트: 부모님께서 아주 좋아하셨겠군요.

샌드라: 그분들보다 제가 더 행복해요. 2주 동안 저는 연휴거든요. 제 부모님은 저 때문에 아마 부담을 느끼실지도 몰라요.

케이트: 아이들 방학처럼요? 그분들이 어떤 마음일지 조금 알겠어요. 그래도 행복해하실 겁니다. 다 왔어요. 들어갈까요? 이쪽은 우리 간호교육자인 수(Sue) 선생님이고 우리 책임 간호사인 피터 선생님입니다.

수: 안녕하세요, 샌드라 선생님. 팔미와 26병동에 온 것을 환영해요. 나는 수라고 해요.

피터: 나는 피터고요. 책임간호사 중의 한 사람입니다.

샌드라: 안녕하세요. 수 선생님 그리고 피터 선생님. 아시다시피 저는 샌드라라고 합니다. 두 분을 만나게 되어 반갑습니다.

케이트: 앉으세요. 여기 물 한 잔이 있어요. 혹시 필요할 수도 있으니까요.

샌드라: 감사합니다. 목이 말랐던 참이었어요.

케이트: 긴장하지 마시고 준비되었으면 알려 주세요.

샌드라: 감사합니다. 준비됐어요.

케이트: 좋아요. 그럼 자기소개와 지원동기를 이야기해 주실래요?

샌드라: 물론이죠. 소개에 앞서 오늘 제게 이런 기회를 주셔서 감사하다는 말씀 드리고 싶어요. 케이트 선생님으로부터 전화를 받았을 때 정말 흥분이 되고 좋아서 울고 싶었어요. 저는 이 도시에서 태어나 20년을 살았어요. 어릴 적엔 항상 많은 사람들과 차들, 멋진 쇼핑센터들이 있어 지루하지 않은 대도시에서 사는 꿈을 꾸었어요. 왜냐면 저는 이 작은 도시에 처박혀 있는 듯한 느낌을 받곤 했었거든요. 그래서 간호학교를 졸업하자마자 오클랜드 병원 외과 병동에 지원하게 되었죠. 그곳에서 5년간 일했어요. 간호사로 많이 성장했고 대도시에서 저의 삶을 정말 즐겼어요. 보시다시피 병동에서 열심히 일하고 대학원도 마쳤어요. 그런 지지적인 팀에서 일하며 전문적으로 성장할 기회를 얻어 정말 축복받았다고 생각해요. 지금은 저의 미래를 생각하고 있어요. 아직 결혼은 계획도 없고 심지어는 만나는 사람도 없어요. 하지만 제 가족과 아이들을 위해서 대도시에 사는 것이 좋은 것일까 하는 생각이 들어요. 오클랜드에 있는 아이들을 볼 때면 그 아이들이 심각하게 스트레스를 받는 환경 안에서 살고 있구나 하는 생각이 들어요. 너무 경쟁적이며 아름다운 자연을 즐길 기회도 못 갖고요. 제가 비록 도시 생활을 좋아하지만 저는 제 오빠들과 언니들 그리고 친구들과 맨발로 걷고 수영하고 뛰어다니기를 좋아했거든요. 팔미에서 초등학교부터 간호학교까지 저의 모든 학교 생활을 즐겼답니다. 저는 제 아이들과 가족에게 그 평화와 아름다운 자연 그리고 제가 가졌던 그 경험들을 제공해 주고 싶어요. 아마 제가 좀 아이러니하다고 생각하실 수 있겠군요. 하지만 저는 심각합니다. 그래서 이 병원에 일자리를 계속 지켜보고 있었어요. 제가 간호 학생이었을 때 26병동에서 두 번이나 실습할 기회를 가졌어요. 제 간호의 여정은 사실상 이 병동에서 시작된 것이지요. 아무것도 모르는 간호학생이었던 저에겐 응급 병동에서 가장 신나는 간호를 배울 수 있었던 훌륭한 경험이었답니다. 제 프리셉터였던 마리 선생님은 저의 영원한 롤모델입니다. 그분이 저에게 깊은 영감을 주었고 어떤 간호사가 되어야 하는지 보여줬고 그 당시 저는 외과 간호사가 되어야지 하고 결정을 했답니다. 제가 확신하며 말할 수 있는 것은 저는 외과 병동의 경험과 기술이 있습니다. 제 전문적인 지식, 기술과 경험으로 제 환자들이 최선의 결과를 이룰 수 있는 전인적이며 안전한 간호를 시행할 것입니다. 저의 따뜻하고 친절한 마음과 똑똑한 머리로 환자분들이 도움을 받고 보호를 받으며 감동받으시도록 할 것입니다. 또한 저의 장래계획은 너스 프랙티셔너가 되는 것입니다. 그 꿈을

이루기 위해 응급 병동에서 충분한 경험을 쌓는 것은 필수이기도 합니다. 바라기는 제 소개가 여러분께서 저를 이해하는 데 도움이 되었기를 바랍니다.

32. 취업 인터뷰 (2)

피터: 고맙습니다. 샌드라 선생님. 본인의 장점과 단점에 대해서 말씀해 주세요.

샌드라: 음, 솔직히 저는 제 장점에 대해서 말하는 것이 제 자랑하는 것 같아서 좀 익숙하지 않았습니다. 그래서 이 인터뷰 전에 한 사람으로서 그리고 한 간호사로서 저에 대해서 생각해 보는 시간을 가졌고 본인 스스로에 대해서 안다는 것이 중요하다는 것을 깨달았습니다. 만약에 제가 저의 장점에 대해서 잘 안다면 스스로 더 발전하도록 힘쓸 수 있고 높은 수준의 간호를 발전시키는 데 기여할 수도 있으니까요. 반면, 저의 단점을 안다면 그 부분을 채우도록 최선을 다할 수 있고 좀 더 나은 사람과 간호사가 되도록 노력할 수가 있습니다. 먼저 저의 큰 장점은 사람들과 그들의 건강 요구에 대한 열정적인 자세를 가졌다는 것입니다. 저는 사람들을 돕기 위해서 간호사가 되었습니다. 물론 간호는 돈을 버는 제 직업이기도 하지만 그것이 전부는 아닙니다. 사람들을 돌본다는 것은 신성하고 모든 사람들은 그들의 삶의 어느 시점엔 그들을 돌봐 줄 누군가가 필요합니다. 그 순간에 저는 그들이 믿고 의지할 수 있는 그리고 자신들의 사랑하는 사람을 돌봐 달라고 부탁할 수 있는 간호사가 되고 싶습니다. 제가 정성껏 돌봐서 저의 환자분들이 잘 회복한다면 그것이 바로 저에겐 소중한 보상이 됩니다. 다른 강점은 저는 안전한 간호를 제공한다는 것입니다. 안전한 간호를 제공하기 위해선 당신은 병원 법규, 규칙 그리고 새로운 리서치 같은 증거를 발판 삼아 일해야 합니다. 그리고 전문적인 지식과 기술을 유지하기 위해서 열심히 공부도 해야 하지요. 그것이 제가 간호사가 된 후로 한 번도 쉬지 않고 공부를 한 이유입니다. 예를 들어 지금 postgraduate 과정을 공부하고 있고 석사학위를 위해서 준비하고 있습니다. 만약 제가 이 인터뷰를 성공적으로 한다면 환자 간호에 관련하여 저 스스로를 병원 법규와 규칙에 익숙해지도록 할 것입니다. 마지막으로 저는 팀과 함께 일하는 사람입니다. 간호에서 당신은 절대 혼자 일할 수 없고 당신의 동료들과 환자들, 그들의 가족들 그리고 다른 전문 팀 사람들과 항상 함께 일하지요. 저는 제가 대접 받고자 하는 대로 남을 대합니다. 존중하고 친절하고 사람들이 쉽게 다가올 수 있고 미소를 유지하지만 항상 제 전문성 안에서입니다. 근무하는 동안 제 동료들이 도움이 필요한 것은 아닌지 늘 살핍니다. 특별히 제가 그렇게 바쁘지 않다면요. 당신이 정말 바쁠 때 당신 동료의 작은 호의도 당신의 일을 가볍게 해줄 수 있거든요.

제 단점에 관해서는, 음, 저에겐 좀 더 개선해야 할 부분이 두 가지가 있습니다. 그리고 그것을 위해서 노력 중입니다. 한 가지는 사람들에게 언제 "아니다"라고 말해야 할지 알아야 한다는 것입니다. 이것은 아마도 저의 장점과도 연관되어 있을 것입니다. 저는 사람들이 도움이 필요할 때 그들이 가능한 한 쉽게 저에게 다가올 수 있도록 친절하려고 노력하기 때문입니다. 제가 졸업한 지 얼마 되지 않았을 때 제 일을 다 마치지 못했는데도 다른 사람들을 도와주느라 허덕거리곤 했습니다. 그 당시에 저의 수간호사께서 우리는 모든 사람들을 다 행복하게 만들 수 없다며 만약 내가 여의치 않다면 어떻게 거절해야 하는지도 배워야 한다고 말씀해 주셨어요. 그 말씀이 저에겐 꽤 충격적이었지만 동시에 해결방책이 되기도 했습니다. 저는 다른 사람들을 도와주는 것에 익숙했고 또 행복했어요. 하지만 정중하게 거절하는 것을 배우진 못했지요. 그 충고 덕분에 저 스스로에 대해서 배우게 되었고 지금은 훨씬 나아졌다고 믿습니다. 두 번째 단점은 저 스스로에게 좀 더 관대해져야 된다는 것입니다. 항상 안전한 간호를 제공하려고 노력하기 때문에 공부도 일도 열심히 합니다. 그러나 최선을 다해서 당신의 일을 완벽하게 하려 할지라도 때때로 기대하지 못한 실수는 생기기 마련이죠. 만약에 제가 실수를 한다면 쉽게 털어내지 못하고 그 상황에 머물러 있는 경향이 있습니다. 스스로 개선하기 위해서 무슨 일이 벌어졌는지 충분히 심사숙고하고 저의 실수로부터 배운 것을 저의 일에 적용하고 있습니다. 하지만 저의 실수를 털어 버리는 데는 꽤 시간이 걸린답니다. 그래서 저는 저에게 좀 더 친절하고 관대해져야 한다고 생각하는 것이지요. 이 정도면 충분히 저의 장점과 단점을 말씀드렸다고 생각합니다.

33. 취업 인터뷰 (3)

피터: 좋습니다, 샌드라 선생님. 당신도 알다시피 간호사들은 때때로 스트레스 상황 속에서 일을 합니다. 그래서

어떻게 회복하는지는 상당히 중요합니다. 선생님은 어떤 방법으로 스트레스를 관리하는지 말씀해 주시겠습니까?

샌드라: 네, 당신 말씀이 맞습니다. 간호사들은 매일의 일상에서 많은 스트레스를 받습니다. 알려진 대로 그로 인해 간호사들은 다양하게 영향을 받지요. 솔직히 저는 특별한 방법으로 스트레스를 관리한다는 생각은 해보지 않았습니다. 왜냐면 저는 스트레스를 자주 받는다고 느껴지지 않거든요. 아마도 제가 스트레스를 잘 관리하고 있다는 증거가 아닌가 싶습니다. 저는 정기적으로 휴식을 취합니다. 예를 들어, 만약에 제가 아침 근무를 했다면 10시경에 모닝티 시간을 갖고 약간의 간식을 먹어서 제가 지치지 않도록 합니다. 꽤 짧은 시간이지만 저의 에너지 레벨을 올리는 데는 충분하지요. 그것은 일로부터 잠시 중단하는 시간이 되기 때문에 저 스스로 진정할 수 있습니다. 그래서 좀 더 냉철하게 생각을 할 수 있어요. 같은 맥락에서 저는 연차를 1년 동안 정기적으로 고루 갖습니다. 그래서 충분히 재충전을 하는 것이지요. 스트레스 관리 방법으로 또 하나는 지금 해야 하는 것을 미루지 않는 것입니다. 제가 만약 일을 미룬 결과로 해야 할 일이 산더미같이 있다면 저의 스트레스 눈금은 올라갈 거예요. 그 문제를 해결할 수 있는 유일한 방법은 지금 당장 하는 것입니다. 그러면 스트레스를 피할 수 있어요. 또한 제가 어떤 문제를 다루기가 힘들다면 다른 사람들의 조언을 구합니다. 예를 들어 저의 상사나 간호교육자와 정기적인 만남을 갖는 것은 아주 좋은 방법인데 그분들은 풍부한 경험과 지식이 있어서 그분들로부터 많이 배울 수 있거든요. 또 무엇이 있을까? 개인적으로 저는 저의 영적 건강을 유지하는 것이 저의 스트레스를 관리하는 가장 중요한 방법 중의 하나입니다. 기도를 하는 동안 저는 왜 제 삶에서 가장 의미 있는 간호사가 되었는지 그 신성한 이유를 숙고합니다. 최근에는 드럼 연주를 배우기 시작했어요. 저는 아주 초보자이지만 드럼 연주하는 것을 아주 즐긴답니다. 드럼을 칠 때 얄미운 남편이라고 생각하면서 치는 것 같아요. 제 생각엔 당신이 항상 시도하고 싶었던 것이나 그 전에 한 번도 시도하지 못했던 것을 배우는 것은 스트레스를 이기는 신나는 길인 것 같습니다.

34. 취업 인터뷰 (4)

수: 이제 내 차례이군요. 샌드라 선생님, 당신이 경험한 다루기 힘들었던 상황과 어떻게 그 상황을 대처했는지 말씀해 주시겠어요?

샌드라: 다루기 힘들었던 상황이라… 대답을 드리기엔 좀 광범위한 질문이군요. 하지만 제가 겪은 좀 힘들었던 대인관계에 대해서 말씀드리겠습니다. 그래도 괜찮을까요?

수: 좋아요. 계속하세요.

샌드라: 저는 제가 신규간호사였던 시절을 여전히 기억합니다. 그 당시에 저는 정말 초보자였고 종종 아웃사이더 같은 느낌이 들곤 했어요. 제가 아침근무를 할 때였는데 정말 바쁜 하루였어요. 대부분의 저의 환자분들은 다들 의존적이어서 저는 간호보조사로부터의 도움이 절실하게 필요했답니다. 그래서 병동의 간호보조사 중의 한 명에게 제 환자분의 개인위생을 부탁했어요. 그녀는 그 병원에서 20년 정도 일을 해왔는데 별로 내켜 하지 않는 것 같고 저의 부탁을 피하는 듯했습니다. 그녀가 얼마나 바쁜지 저는 충분히 이해했어요. 그래서 다음 3일 동안의 아침근무에서 아무런 도움 없이 저 스스로 일을 해야 했답니다. 하지만 그녀가 다른 간호사들에겐 정말 잘하는 것을 발견했습니다. 심지어는 도움을 요청하기 전에 그들을 도와주는 것이었어요. 그녀와 아무런 문제를 일으키는 것을 원하지 않았기 때문에 그녀에게 도움을 요청하는 것을 거의 포기했어요. 하지만 저는 많이 불편했고 무언가가 잘못되었다는 것을 알았기에 그녀와 이야기할 기회를 엿보고 있었어요. 어느 날 그녀와 제가 오후 근무 중에 같이 휴식을 취하게 되었어요. 그녀는 평상시처럼 차갑고 불친절해 보였지요. 우리가 같은 스태프 룸에 있는 동안 저는 그녀의 근황과 그녀의 가족 이야기들, 얼마나 오랫동안 이 병원에서 근무했는지 등등의 질문을 시작했어요. 그리고 그녀에 대한 저의 불편한 감정들을 정중하고 부드럽게 표현했어요. 놀라운 것은 그녀는 저를 오해하고 있었고 심지어는 저로 인해서 상처를 받았다는 것이었어요. 그녀가 두 번이나 저에게 인사를 했는데 제가 무시를 했다고 이야기를 했어요. 제가 일을 처음 시작했을 때 저는 굉장히 떨었고 제가 하고 있는 일에 온 신경을 쓰고 있었기 때문에 그 당시엔 제가 귀 기울여 듣지 못했던 것 같아요. 그래서 그녀의 인사를 알아차리지 못한 것이 아닌가 싶어요. 저는 일부러 사람을 무시하는 그런 성향의 사람이 아니거든요. 그녀에게 진심으로 사과했고 신규로서의 저의 상황을 설명했어요. 정말 예상 밖의 일이었답니다. 그 후로 우린 아주 좋은 동료관계를 유지했고 저는 그녀의 역할과 도움을 감사했어요. 돌이켜보면 좀 더 일찍 그녀에게 물어봤어야 했다는 생각이 듭니다. 만약에

그랬다면 그 문제를 좀 더 일찍 풀지 않았을까요. 솔직히 그녀에게 말을 거는 것이 저에겐 좀 힘들었지만 진심으로 제 마음을 표현한다면 그녀의 마음을 움직일 것이라 믿었고 실제로 그렇게 되었어요. 감사하게도 우리는 대화를 통해서 그 문제를 해결했답니다. 아시다시피 우리는 헬스케어팀에서 다른 구성원들과 일을 하기 때문에 항상 서로의 도움이 필요하지요.

그다지 오래되지 않은 다른 예로는 저의 평화로운 오후근무의 시작에 일어난 일입니다. 제 환자분들을 다 만나 본 후 저는 그분들의 임상노트를 주의 깊게 읽고 있었는데 전화벨이 울리는 소리를 들었습니다. 전화를 받았는데 아무런 소개도 없이 그 사람은 우리 병동의 환자분 중의 한 분의 담당 간호사를 찾는 것이었어요. 제가 그 간호사였기 때문에 "접니다"라고 이야기했고 전화 거신 분이 누구냐고 물었어요. 그녀가 자기의 이름을 말했으나 알아듣지 못해서 다시 한번 그녀의 이름을 물었어요. 그녀는 저에게 청력의 문제가 있는 것이 아니냐며 갑자기 화를 내는 것이었어요. 저 역시도 화가 났지만 침착하도록 노력했지요. 그녀에게 어떻게 도와줄지를 물었어요. 그녀는 그 팀에게 베이커 씨를 퇴원시키라고 오더했는데 왜 여전히 그가 병원에 있는지를 물었어요. 저는 그와 관련된 인수인계를 듣지 못했기 때문에 그 환자분이 왜 퇴원하지 않았는지에 대한 아무런 아이디어가 없었어요. 저는 인수인계 동안에 그분의 퇴원과 관련된 이야기를 듣지 못했지만 지금 그분의 임상 노트를 읽고 있는 중이라고 설명했습니다. 갑자기 그녀가 "당신에게선 아무것도 얻을 게 없군요."라고 말하곤 전화를 끊어 버리는 것이었어요. 저는 충격 속에 있었죠. 정말 용납할 수 없는 일이었답니다. 세상에나. 어떻게 사람을 그렇게 무례하게 대할 수가 있을까요? 저는 잠깐 시간을 갖고 제가 한 말 중에 그녀를 화나게 한 것이 있나 생각해 보았으나 아무것도 없었어요. 그것은 전화를 통한 아주 짧은 대화였거든요. 그래서 이 문제에 대해서 저의 수간호사 선생님과 바로 상의를 했어요. 제가 정말 감동받은 것은 저희 수간호사 선생님께서 우리를 어떻게 옹호하셨는가예요. 그녀는 정식으로 그 교수에게 항의했고 그녀가 저에게 했던 비전문적이고 용납할 수 없는 행동에 대해서 지적했어요. 저는 저의 상사로부터 전문적으로 또 개인적으로 지지와 보호를 받았다고 느꼈어요. 그 정식적인 항의 이후에 그 교수는 저와 우리 병동에게 사과를 했고 본인이 비전문적이고 용납할 수 없었던 태도를 보였다는 것을 인정했어요. 그 후에도 종종 그녀의 뾰족한 부분을 볼 수 있었지만 그녀는 자신의 말과 행동에 좀 더 주의를 기울이는 듯했어요. 돌이켜보니 그 문제를 저의 상사와 상의했다는 것은 참 잘한 일이고 시기적절했던 결정이라고 봅니다. 그것을 통해서 예기치 못한 상황이 벌어질 때 우리 팀원들을 어떻게 지지하고 옹호해야 하는지 배웠습니다. 또한 서로를 전문적으로 대하고 인정하는 것이 얼마나 중요한지도요.

35. 퇴원

샌디: 브라이언 씨, 제가 당신의 퇴원 서류를 갖고 왔어요. 당신에게 드리기까지 시간이 걸려서 죄송합니다. 그리고 침착하게 기다려 주셔서 감사합니다.

브라이언: 전혀 서두를 이유가 없었어요. 제 아내에게 문자 오기를 지금 병원 주차장에 주차했고 몇 분 안에 도착한답니다.

샌디: 시간이 딱 맞았네요. 좋습니다. 여기 퇴원설명서와 퇴원 처방전이 있어요. 퇴원설명서에는 보시다시피 당신이 받은 치료와 진행상황과 퇴원계획들이 상세하게 적혀 있어요. 당신은 어제 전신마취 후에 맹장수술을 받으셨어요. 퇴원계획에 따르면 4주 동안은 무거운 것 드는 일은 피하셔야 하고 가벼운 운동이나 걷기는 하셔도 됩니다. 병원에 계시는 동안 진통제는 안 드셨지요?

브라이언: 네 먹지 않았어요. 별로 아프지 않아서 진통제가 필요치 않았습니다.

샌디: 괜찮아요. 하지만 집에 가시면 생각보다 몸을 더 움직이실 것이므로 진통제가 필요할 수도 있어요. 필요하실 때 진통제를 드실 수 있기 때문에 자, 여기 처방전을 드릴게요.

브라이언: 당신 말이 맞을 것 같아요. 그것까지는 생각하지 못했네요. 집에 가면 진통제가 필요할 수도 있겠어요.

샌디: 다음은… 맞다. 상처관리네요. 복강경으로 수술을 해서 배 위에 3개의 자국이 있어. 이 작은 수술 자국들은 잘 붙어 있고 드레싱을 할 필요는 없어. 아침에 수술 자국들을 보니 다 좋아 보였습니다. 생리식염수로 잘 닦았고 좀 편안하시라고 새로운 드레싱을 해 드린 거예요. 만약에 드레싱이 잘 붙어 있다면 며칠 동안 하고 계셔도 됩니다. 그리고 떼어 버리세요. 당신의 수술 부위는 드레싱이 필요하지 않거든요. 다만 샤워하신 후에는 상처가 깨끗한지

그리고 잘 말랐는지는 확인해 주세요. 항상 깨끗한 손으로 만지셔야 합니다. 만약에 수술 부위가 붉고 열감이 있거나 붓는다든지, 상처로부터 냄새 나는 분비물이 나온다든지 한다면 환자분 의사로부터 조언을 받아야 합니다. 만약에 몸이 많이 안 좋아지거나 오한과 전신 통증과 열이 오른다면 응급실을 통해서 바로 오셔야 하고요.

브라이언: 아, 그런 일은 절대 없었으면 좋겠군요.

샌디: 일상생활은 계속하실 수 있지만 살살 하셔야겠지요. 혹시 다른 궁금한 사항들이 있나요?

브라이언: 없어요.

샌디: 좋습니다. 그러면 지금 혈관주사 놓은 거 제거해 드릴게요. 이걸 가지고 퇴원할 순 없거든요.

브라이언: 맞아요. 안 그래도 물어보려고 했어요.

샌디: 부인께서 당신을 집으로 데려가는 것이죠?

브라이언: 네 맞아요. 저를 잘 돌봐 주셔서 감사합니다. 간호사님들이 환자들에게 하는 것은 정말 대단해요.

샌디: 별말씀을요. 브라이언 씨도 다 잘 되길 바랍니다.

브라이언: 고마워요.

36. 다른 병동으로 환자 이송하기

샌디: 안녕하세요. 브라운 씨. 저는 샌디이고 이 오후에 제가 당신의 간호사입니다.

브라운: 안녕하세요. 샌디 간호사님. 선생님 어제 봤어요. 제 옆 방 간호사이셨죠?

샌디: 맞습니다. 그래서 어젠 서로 그냥 인사만 했었죠. 오늘 하루는 어떠신가요?

브라운: 글쎄요. 점점 좋아지는 것 같지만 걸을 땐 여전히 숨이 찹니다. 혹시 제가 언제 내과 병동으로 옮겨 가는지 아시나요? 아침번 간호사님이 제가 25병동으로 간다고 하던데요.

샌디: 저희는 25병동에서 전화가 오기를 기다리고 있어요. 당신을 위한 병실이 준비되면 전화한다고 했거든요. 아침에는 병실이 없었는데 오후에 퇴원하실 분들이 몇 분 있대요. 빨리 가고 싶으세요?

브라운: 네, 25병동에 많이 입원했었거든요. 그래서 거기가 참 편해요. 그분들도 저를 아주 잘 알고 저도 그렇고요. 오해하지는 마세요. 그래도 이 병동은 좀 낯설게 느껴집니다.

샌디: 무슨 말씀인지 충분히 이해합니다. 응급실에서 올라오실 때 우리 병동 외엔 병원에 다른 병실이 없었거든요. 그래서 내과 환자분임에도 이곳 외과 병동으로 오실 수밖에 없었지요. 저희는 외과 간호가 전문이지요. 그렇다고 내과 환자분을 못 본다는 의미가 아닙니다. 우리 병동 모든 간호사들은 다양한 환자분들을 돌봐 왔고 잘 훈련되어 있어요. 하지만 환자분들을 그들에게 맞는 곳으로 보내 드리는 것이 가장 좋지요. 그래야 전문화된 곳에서 최상의 치료를 받으실 수 있으니까요.

브라운: 아주 맞는 말씀입니다.

샌디: 전화가 오면 바로 알려 드릴게요.

브라운: 샌디 간호사님 정말 감사합니다. 저는 아침부터 준비 완료했어요.

샌디: 정말요? 짐을 다 싸 놓으셨어요? 그렇다면 그냥 기다리는 것 말고 제가 바로 전화해 볼게요.

브라운: 좋은 생각입니다. 고마워요.

(25병동으로 전화하기)

제니: 좋은 오후입니다. 여기는 25병동이고 저는 간호사 제니입니다.

샌디: 안녕하세요. 제니 선생님. 29병동 간호사 샌디입니다. 오늘 오후에 당신네 병동으로 가실 브라운 여사와 관련하여 전화 드렸습니다. 그분을 돌보실 간호사님을 찾아 주시겠어요? 언제쯤 그녀를 보낼 수 있는지 알고 싶어요. 빨리 가고 싶어 하세요.

제니: 시간은 잘 맞추셨네요. 병실이 이제 막 준비되어 전화하려고 했었는데. 제가 그녀의 간호사입니다.

샌디: 좋습니다. 제니 선생님. 전화로 인수인계하는 것 괜찮겠어요?

제니: 그럼요. 그녀에 대해서 잘 알아요. 저희 수간호사 선생님께서 그녀가 온다고 벌써 알려 주셨어요. 잠깐만요. 종이가 필요합니다. 네, 준비됐어요.

샌디: 브라운 씨는 82세로 여성 환자분입니다. 숨이 많이 차셔서 어제 아침에 응급실 통해서 저희 병동으로

입원하셨어요. 만성 폐쇄성 폐질환, 말기 신부전증, 2형 당뇨병, 고혈압과 양쪽 다리 만성 궤양 같은 복잡한 병력을 갖고 있습니다. 입원하신 주요 이유는 숨가쁨 때문인데 호흡수가 분당 32회, 산소 포화도는 85%였어요. 현재 활력징후는 체온이 36.8도, 심박수 92회, 호흡수는 분당 28회이며 1 리터 산소를 코를 통해 마시고 있고 산소 포화도는 89 %입니다. 혈압은 145에 90입니다. 혈당은 안정적이고 정규 인슐린을 드렸고 점심 식사 후에는 혈당이 6.5 mmol 로 측정되었어요. 현재 진단명은 오른쪽 하부 폐렴입니다. 8시간마다 항생제 주사를 맞고 계시며 최근 것은 아침 8시에 맞으셨어요. 그러니 다음 것은 오후 4시가 되겠군요. 아침과 점심시간에 정규 약을 드셨고요. 아침번 간호사가 다리의 드레싱을 교환했고 상세한 것은 상처치료차트에 적혀 있습니다. 상처 부위가 누렇고 안 좋은 조직으로 덮여 있어서 전문 간호사로부터 조언이 필요해서 상처관리팀에게 진료 요청서를 보내 놨어요. 아침에 물리치료사가 환자분을 만났고요. 그녀를 위한 계획은 산소 포화도를 88에서 90퍼센트 정도로 유지하고 정규적인 항생제 정맥 주사와 가슴 물리치료를 하는 것입니다. 또 내일 그녀는 혈액투석을 할 예정입니다. 다른 물어볼 것이 더 있습니까?

제니: 액체 섭취량 제한은 없나요?

샌디: 있어요. 그녀는 하루 1.5리터로 액체량을 제한하고 있고 스스로 섭취와 배설량을 잘 기록 하고 있어요. 그나저나 먹고 마시는 데 문제가 없기 때문에 저염식 주문해서 드렸어요. 그녀는 아주 독립적이고 스스로 모든 것을 관리하는 것을 좋아합니다. 사회적으로는 레스트홈에서 살고 있으며 가족들로부터 좋은 지지를 받고 있어요. 항상 가족구성원들로 둘러싸여 있는걸요.

제니: 잘 알고 있어요. 서로 아주 돈독하시더라고요.

샌디: 그녀를 대한 인수인계를 거의 다 한 것 같은데 더 물어볼 것이 있나요?

제니: 충분한 것 같습니다. 지금 그녀를 보내실 건가요?

샌디: 그러는 게 좋을걸요. 그녀는 엄청 가고 싶어 해요.

제니: 저희도 환영해요. 고마워요. 샌디 선생님.

샌디: 별말씀을요. 근무 즐겁게 하세요.

제니: 선생님도요. 그럼.

37. 손 씻기

미아: 저기요. 괜찮으세요?

마가렛: 아, 안녕하세요. 네, 괜찮아요. 저는 지금 손 씻기 포스터를 보고 있어요. 내 조카를 방문할 것인데 그 애를 보기 전에 손을 제대로 씻어야 할 것 같아서요. 별로 어려워 보이진 않는데 여러 단계를 거쳐야 하는군요.

미아: 제 생각에 당신은 최고의 방문객 중에 한 분이군요. 아차, 저는 미아라고 하고 이 병동에서 간호사로 있습니다. 저도 손을 씻을 건데 제가 어떻게 하는지 한번 보세요. 때때로 글로 적힌 방법을 따라 하는 것보다 누군가가 하는 것을 보는 것이 더 쉽기도 합니다.

마가렛: 맞는 말입니다. 가방에서 돋보기를 꺼내려고 했거든요.

미아: 좋아요. 맨 먼저, 손 씻기의 가장 기본적인 원칙은 손에 더러운 것이 눈에 보이게 묻었으면 물로 씻어 내는 것입니다. 또 설사나 구토를 하는 사람과 접촉을 했을 때요.

마가렛: 당연하죠. 내 손에 대변, 소변이나 구토물이 묻었다면 당연히 손을 씻어야죠. 아… 속이 울렁거리네요.

미아: 당연히 그렇게 하셨을 거예요. 그렇지 않으면 다른 상황에는 알코올 젤을 사용할 수 있어요. 이 젤을 사용할 때도 같은 단계를 밟아야 해요. 해볼까요? 먼저, 손에 물을 묻혀 적신 후 충분한 비누가 손에 나오도록 비누펌프를 잘 누릅니다. 넉넉한 양의 비누를 사용해서 손바닥과 손목까지 충분히 덮이도록 합니다. 원형 모양의 동작으로 손바닥과 손바닥을 문지르면 거품이 이는 것을 볼 거예요. 세심하게 손목 부위도 잘 문지릅니다. 지금은 손등을 하나씩 잘 문지를 거예요. 왼쪽 손을 닦기 위해서, 오른쪽 손바닥으로 왼손 손등을 문지르고 손가락 사이사이도요. 오른손도 같은 방법으로 닦습니다. 왼손 손바닥으로 오른손 손등을 문지르고요. 손가락 사이사이도요. 어디까지 했더라. 아 맞다. 자 지금은 손바닥과 손바닥을 닦고 손가락 사이사이도요. 손톱 위도 닦을 겁니다. 당신 손을 맞잡고 당신 손바닥으로 손가락 윗부분을 세심하게 문지릅니다. 엄지손가락을 닦아 볼까요? 오른손으로 왼손

엄지손가락을 감싸서 돌리듯이 앞뒤로 문지르고 반대쪽도 그렇게 합니다. 마지막은 당신의 손가락 끝부분입니다. 손가락 끝을 반대쪽 손바닥에 문지르고 다른 쪽 손가락 끝도 반복합니다. 거의 다 했어요. 수도꼭지를 틀고 흐르는 물로 꼼꼼하게 헹굽니다. 제가 한 대로 따라 해보시고 종이타월로 손을 닦으세요.

마가렛: 절차가 좀 있네요.

미아: 압니다. 손을 완벽하게 씻는 데 주로 40초에서 60초 정도 걸려요. 비누로 문지르는 데 30초 정도 걸리고 헹구는 데 비슷한 시간이 걸리죠. 문지를 때 "생일 축하합니다" 노래를 한 번 부르고 헹굴 때 한 번 더 불러 보세요.

마가렛: 그거 좋은 생각이군요. 저를 위해서 시간이 있으세요? 제가 너무 오래 잡고 있는 것은 아닌지요?

미아: 괜찮아요. 해보세요. 제가 봐 드릴게요. 지금이야 자동적으로 손을 씻지만 제가 간호 학생일 땐 아주 큰 일이었어요. 왜냐면 손 위생 시험을 반드시 통과해야만 했거든요. 그렇다고 당신을 시험하는 것은 아닙니다.

마가렛: 좋아요. 손을 적시고…

38. 불안해하는 환자를 위해 기도해 주기

미아: 새라 씨. 아직 안 주무세요?

새라: 자려고 하는데 좀 안 되네요. 그래서 성경책을 읽고 있었어요.

미아: 저런, 그러셨군요. 차 한 잔 드릴까요? 아니면 제가 숙면을 취하도록 도와드릴 것이 있을까요?

새라: 고마워요. 그렇지만 저는 괜찮아요.

미아: 제가 잠깐 앉아도 될까요?

새라: 그럼요.

미아: 고마워요. 내일 아침에 수술하러 가시네요. 어떠세요. 새라 씨. 괜찮으세요?

새라: 만약에 괜찮다면 거짓말이겠죠? 좀 긴장돼요. 솔직히. 한 번도 대장암에 걸려서 영구적으로 인공항문을 배 위에 달고 살 것이라고는 생각해 본 적이 없어요. 저는 항상 활동적이고 건강했어요. 저에게 일어난 일을 받아들이는 것이 아직도 힘들어요. 긍정적으로 생각하려고 많이 노력했어요. 그래서 나름 잘 대처하고 있다고 생각했죠. 그런데 모든 일이 저에게 너무 빨리 일어나서 아직도 악몽을 꾸고 있는 것 같은 느낌이 들어요.

미아: 저런… 새라 씨. 항상 웃고 있고 농담도 하고 그래서 당신이 괜찮다고 생각했어요. 당신이 괜찮은지 좀 더 일찍 물어봤어야 했네요. 좀 더 일찍 물어보지 못해서 미안해요.

새라: 아니요. 아니에요. 미아 선생님. 당신은 저와 당신 환자분들을 위해서 정말 훌륭하게 일하시는걸요. 그냥… 이게 저예요. 왜냐면 내일 큰 수술을 받으니까 그래서 좀 감정적으로 된 것 같아요. 당신 때문이 아니에요.

미아: 새라 씨. 당신은 성경책을 읽는군요. 혹시 기독교인이세요?

새라: 네, 맞아요. 저에게 무슨 일이 일어났는지 잘 이해가 안 가도 하나님을 믿으니까 그분이 저를 위해 좋은 계획을 갖고 계신 것을 믿어요.

미아: 나도 기독교인이거든요. 하나님은 항상 나와 함께 계시고 나를 위해 딱 적절한 시간에 일하고 계신다고 믿어요. 10년 전에 내가 자궁적출술을 기다리고 있을 때 정말 불안하고 긴장이 됐어요. 당신도 알다시피 나는 간호사잖아요. 나에게 무슨 일이 일어나는지 잘 알고 있었죠. 그것은 내가 주로 제 환자들에게 하던 말이었죠. 하지만 그 일이 나에게 일어났을 땐 그건 정말 다른 이야기가 되었어요. 나는 그저 자궁을 잃을 아주 연약한 환자에 불과했지요. 감정적으로 나는 더 이상 여자가 아니구나 하는 느낌 때문에 정말 우울했어요. 아시다시피 여자에게 자궁은 정말 중요한 상징이잖아요. 내 인생에서 더 이상 아이를 가질 수 없어서 정말 슬펐어요. 그 당시에 저를 간호하던 간호사가 내 손을 잡아 주고 저를 위해 기도를 해주었어요. 어떤 일이 생겼는지 아세요? 그건 정말 대단했어요. 저는 금방 평안을 느꼈어요. 그 이후로 내 환자분들이 꺼리지 않는다면 그들을 위해 기도를 해준답니다. 다른 종교나 믿음을 가지신 분들에게 민감한 질문이 될 수 있어서 아주 조심스럽게 기도를 원하시는지 물어본답니다.

새라: 전 꺼리지 않아요. 저를 위해 기도해 주세요.

미아: 그럴게요. 손을 잡아도 될까요? 하늘에 계신 아버지…

39. 정맥 카테터 삽입하기

재넷: 안녕하세요. 샘. 제 이름은 재넷입니다. 오늘 당신의 간호사입니다. 오늘 하루는 어떠셨나요?

샘: 별로 안 좋아요. 갈증이 많이 나는데 물 좀 마실 수 있을까요?

재넷: 그러시다니 정말 유감입니다. 샘, 아시다시피 오늘 응급수술을 받을 예정이라 무언가를 마실 수는 없어요. 하지만 얼음 조각 몇 개는 드릴 수 있어요. 갈증을 좀 푸시는 데 도움이 될 겁니다.

샘: 다행이다. 응급실 간호사들에게 이야기했는데 어느 누구도 귀담아 안 듣고 그냥 아무것도 먹거나 마시면 안 된다고만 했어요.

재넷: 거기서 아주 힘겨운 시간을 보내셨군요. 제 생각에 당신이 응급으로 수술을 들어갈 수 있기 때문에 외과의사가 진찰을 하기 전엔 그들도 당신에게 아무것도 줄 수가 없었을 거예요. 제가 드릴 얼음 몇 조각을 아주 잠깐 동안만 도움일 거예요. 그래서 정맥 카테터를 삽입해서 정맥 주사를 맞는 것이 좋겠어요. 어떤가요?

샘: 전 상관없어요. 근데 응급실 간호사들과 의사들이 여러 번 시도하고 실패했고 저는 그냥 당신들에게 보내진 건데요.

재넷: 오, 그럼 더욱 주의를 기울여야겠군요. 얼음 몇 조각하고 혈관주사 트롤리를 가지고 올게요. 잠깐만 기다리세요.

샘: 너무 목말라서 아무 데도 못 가요.

재넷: 금방이면 됩니다.

(몇 분 후)

재넷: 샘, 저 왔어요. 여기 얼음 반 컵 정도 갖고 왔어요. 하나씩 입에 넣고 녹이세요. 씹지 말고요.

샘: 고마워요. 음… 정말 좋네요.

재넷: 하기 전에 손 먼저 씻겠습니다.

샘: 네, 그러세요.

재넷: 이름과 생년월일을 말씀해 주세요.

샘: 새뮤얼 혼이고 1995년 9월 25일 생입니다.

재넷: 아이디 팔찌 좀 보여 주세요. 새뮤얼 혼, 1995년 9월 25일. 맞군요. 제가 처음에 할 것은 정맥 주사를 위해서 어느 혈관이 좋은지 볼 거예요. 일단 좋은 혈관을 찾으면 22 게이지를 사용해서 삽입하고 정맥용 생리식염수를 연결할 것입니다.

샘: 그 바늘을 제 몸속에 놓아둔다는 건가요? 저는 바늘이 제 몸 안에서 막 움직이고 찌르고 그런 거 싫어요.

재넷: 걱정 마세요. 샘. 스타일렛이라고 부르는 진짜 바늘은 바로 제거되고 부드러운 이 캐뉼라만 정맥 속에 있을 거예요.

샘: 살았다. 나는 당신이 그 날카로운 바늘을 내 속에 그냥 두는 줄 알았어요.

재넷: 오른손잡이세요? 아니면 왼손잡이세요?

샘: 오른손잡이입니다.

재넷: 그럼 잘 안 쓰는 손을 먼저 보는 게 좋겠군요. 그러면 덜 불편할 거예요. 자 똑바로 누워 보세요. 당신 팔을 이 끈으로 묶을 거예요. 이렇게 하면 좋은 정맥을 찾는 데 도움이 됩니다. 주먹을 쥐었다 폈다를 몇 번 해볼래요? 음. 왼쪽 손등에 사람들이 몇 번 시도했던 것이 보이네요. 손보다 좀 더 위쪽 팔을 봐야겠군요. 여기 있네요. 이 끈을 잠시 풀어 놓고 손 씻고 장갑을 다시 낄 거예요.

샘: 그렇게 하세요.

재넷: 시작해 볼까요? 팔을 쭉 펴 보세요. 주먹을 쥐었다 피었다 하시고요. 좋습니다. 알코올로 피부를 닦고 마를 때까지 기다릴게요. 좋아요. 지금 좀 따끔할 겁니다.

샘: 아…

재넷: 아주 잘했어요. 잘 들어갔어요. 움직이지 마세요. 이 끈을 풀고 멸균 드레싱을 캐뉼라 위에 덮을 겁니다. 오늘이 5월 2일이죠? 오늘 날짜를 이 드레싱 위에 써 놓을 거예요. 그래야 사람들이 언제 주사를 놓았는지 알지요.

샘: 순식간에 놓으셨네요. 당신은 정말 전문가입니다.

재넷: 당신 혈관이 꽤 좋았어요. 그 캐뉼라는 아무 문제가 없다면 며칠 삽입되어 있을 거예요. 그렇지 않으면 카테터로 인한 감염을 예방하기 위해서 새로운 것으로 교체할 것입니다. 만약에 더 이상 캐뉼라가 필요 없다면 가능한 한 빨리 제거할 것입니다. 우리가 그 캐뉼라 삽입 부위에 통증, 붉게 변하는 것, 부종이나 드레싱이 잘 되어 있는지를 면밀하게 관찰할 거예요. 뭔가 문제가 있다면 우리에게 알려 주세요.

샘: 네 그럴게요. 고마워요. 재넷 선생님.

재넷: 별말씀을요. 그 수액으로 갈증이 나아지길 바랍니다.

40. 말초혈관에서 혈액 채취하기

재넷: 스티브 씨, 좋은 아침입니다. 다리는 좀 어떠세요. 제가 보기엔 엄청 좋아진 것 같은데요.

스티브: 안녕하세요. 재넷 간호사님. 저도 그렇게 생각해요. 지금은 훨씬 좋아요. 세상에나. 응급실에 왔을 때는 걷지도 못했어요.

재넷: 그게 좀 심각한 봉와직염이졌죠.

스티브: 정말 그랬어요. 지금은 마치 마술을 건 것 같아요. 믿을 수 없을 만큼 붓고 벌겋고 만지면 뜨거웠어요. 오한도 나도 온몸이 엄청 아팠죠. 다리 한쪽을 잃는 것은 아닌지 엄청 무서웠어요.

재넷: 얼마나 걱정하셨을지 이해가 갑니다.

스티브: 그건 아주 조그만 긁힌 상처로부터 시작되었어요. 어디서 다쳤는지 생각도 안 나요. 아마도 정원에서 나무 자르다가 그랬나. 잘 모르겠어요. 갑자기 그 긁힌 주위에 붉게 변한 것이 점점 더 커지더니 결국 한밤중에 앰뷸런스를 부르게 되었어요.

재넷: 당신의 다리를 위해서 적절한 치료를 받게 되어 기쁘네요.

스티브: 저도 감사하게 생각해요.

재넷: 스티브, 항생제가 잘 듣는지 간이나 신장 같은 다른 장기에 손상은 없는지 여부를 보기 위해서 혈액샘플을 채취해야 합니다. 그 결과에 따라서 퇴원하실 수 있거나 아니면 며칠 여기에 더 계셔야 할 수도 있어요.

스티브:걱정 마시고 원하시는 것은 다 하세요. 저는 당신들이 저를 위해 하는 모든 것을 믿어요.

재넷: 그렇게 말씀해 주셔서 감사합니다. 성함과 생년월일을 말씀해 주세요.

스티브: 스티브 데이비스이고 1958년 10월 15일생입니다.

재넷: 감사합니다. 얼마 안 있으면 생신이네요. 돌아오는 월요일인데요.

스티브: 맞아요. 제 아내와 저는 제 생일에 맞춰 태평양 섬에 여행하려고 했는데 다리 때문에 취소해야만 했어요.

재넷: 저런. 혈액 검사 결과가 정상으로 나와서 얼른 퇴원하고 가족분들과 즐거운 생일 맞이하셨으면 좋겠네요.

스티브: 꼭 그렇게 되길 바라요.

재넷: 옷 소매를 걷어 올리고 팔을 쭉 펴 보실까요? 당신 팔에 베개 하나를 받쳐야겠군요. 훨씬 좋군요. 제가 손을 좀 씻고 다 준비할 동안 잠깐만 시간을 주세요.

스티브: 그럼요.

재넷: 자 다 준비되었습니다. 당신은요?

스티브: 똑바로 누울까요?

재넷: 조금만요. 베개로 당신을 팔을 지지해서 괜찮아요. 알러지가 있나요?

스티브: 전혀요.

재넷: 좋아요. 이 끈으로 조이게 묶을 것입니다. 괜찮나요? 너무 조이나요?

스티브: 아뇨, 나쁘지 않아요.

재넷: 좋습니다. 오, 이 끈으로 묶을 필요도 없겠는데요. 혈관이 엄청 좋으세요. 알코올 솜으로 피부를 잘 닦고 마르도록 좀 두겠습니다. 자 움직이지 마세요. 지금 바늘 들어갑니다. 아주 잘하고 계세요.

스티브: 하나도 안 아픈데요.

재넷: 좋아요. 거의 다 되어 갑니다. 이 두 개의 샘플 통을 채우고 있어요. 바늘을 빼고 바늘로 찌른 부분을 2분 정도 살짝 누를게요. 여기 거즈를 좀 눌러 주실래요?

스티브: 이렇게요?

재넷: 네, 고마워요. 아주 쉽네요. 우리 모든 환자분들이 당신처럼 좋은 혈관을 가졌으면 좋겠어요.

스티브: 제가 좀 건강한 편입니다. 더 이상 피 안 나오는데요.

재넷: 당신이 피가 나고 침대가 피로 젖는 것은 별로 안 보고 싶어요. 팔을 움직이면 금방 피가 날 수도 있어요. 확실히 해야죠. 조금만 더 눌러 주세요.

스티브: 선생님 말씀이 맞아요. 어제 제 옆 사람이 주사를 빼고 간호사가 나간 다음에 피가 나서 그 간호사를 다시 호출한 것을 봤어요. 그 사람 침대랑 바닥이 다 피였어요. 그 친구가 자기는 혈액을 묽게 하는 약을 먹는다고 하더라고요.

재넷: 만약에 환자분들이 항혈액응고제를 드시면 다른 사람보다 피가 더 잘 나요. 팔을 좀 볼까요? 네, 별일 없군요. 거즈 위에 반창고를 붙여 놓을게요. 혹시 모르니까. 30분 후에 떼어 버리시면 됩니다.

스티브: 네, 감사합니다. 재넷 간호사님.

재넷: 별말씀을요.

41. 소변샘플 채취하기

앤드류: 그래서 오전 10시 30분에 브라이언 씨를 위해서 CT가 예약되어 있습니다. 그래서 금식 중이시며 CT 결과에 따라서 수술실로 가실지도 몰라요. 자, 이상은 저의 환자분에 관한 이야기였습니다.

재넷: 훌륭해요. 앤드류 선생님. 한 가지 더. 어젯밤에 애나는 어땠나요?

앤드류: 애나요? 8-2호실 애나 팔머 씨 말씀하시는 건가요? 저랑 있을 때는 괜찮았어요. 왜 그러세요?

재넷: 어제는 밝았는데 침상 곁 인수인계 때 보니 좀 달라 보여요. 뭔가 염려하는 게 있는지 아니면 좀 우울한 건지.

앤드류: 음… 활력징후는 다 좋았어요. 저는 특별한 것은 모르겠어요.

재넷: 걱정 마세요. 앤드류 선생님. 내가 알아볼게요. 아무것도 아닐 거예요. 내 딸과 비슷한 나이대여서 그런가 내가 좀 민감할 수도 있어요. 얼른 집에 가서 푹 자요.

앤드류: 즐거운 근무 시간 되세요. 우리 모든 환자분들이 다 안정적이시니 당신의 근무시간은 조용할 것 같아요.

재넷: 아, 앤드류 선생님. 제발 그렇게 되길, 제발 그렇게 되길.

재넷: (똑똑) 애나. 나예요. 제넷.

애나: 안녕하세요. 재넷 간호사님.

재넷: 별일 없는 거죠?

애나: 뭐 그런 거 같아요.

재넷: 오해하지 말고 들어봐요. 내 느낌에 왜 당신이 뭔가에 별로 행복해 보이지 않을까요. 혹시 내가 도울 수 있는 일이 있나요?

애나: 글쎄요. 선생님 말씀이 맞아요. 어떻게 설명해야 할지 모르겠는데 뭔가가 잘못된 거 같아요.

재넷: 왜 그렇게 생각하는지 말해 줄래요?

애나: 솔직하게 누구에게 말하는 게 굉장히 부끄러워요. 어제 이후로 소변이 마려워서 화장실을 자주 가요. 소변을 볼 때 아프고 화끈거리고 아무것도 안 나오거나 아주 조금만 나오고요. 그런데 화장실에 계속 가고 싶어요. 무슨 일이 일어나고 있는지 모르겠어요. 너무 걱정이 돼요.

재넷: 요로 감염이 생긴 것 같군요.

애나: 그게 뭐예요? 심각한 건가요?

재넷: 아니에요. 애나. 괜찮아요. 우리는 그걸 UTI라고 하는데 소변이 나오는 길에 생기는 염증을 말해요. 이것은 항생제로 주로 치료가 가능해요. 요도나 방광으로 E-coli 같은 세균이 들어가서 생기는 거예요.

애나: 그 말씀은 제가 뭔가를 잘못했다는 건가요?

재넷: 절대 그렇지 않아요. 애나. 요로 감염을 일으킬 수 있는 위험 요인들은 다양해요. 당뇨나 임신, 왕성한 성관계, 개인위생, 면역력이 약해졌다거나, 항생제 사용 여부 등등요. 요로감염의 주요 증상으로는 소변을 볼 때 화끈거리고

자주 그리고 갑자기 요의가 있고요. 탁한 색이나 냄새나는 소변이 나오기도 해요. 하지만 소변검사를 해야
당신이 요로감염에 걸렸는지 아닌지를 알 수 있어요. 여자들은 남자들에 비해서 요도가 짧기 때문에 구조적으로
남자들보다 요로감염의 위험이 높아요. 애나, 검사에 필요한 소변 샘플을 채취해도 될까요?

애나: 그럼요. 제가 뭘 하면 되나요?

재넷: 검사를 위해서는 중간뇨를 받아야 해요.

애나: 무슨 뜻이에요?

재넷: 당신이 중간 부분의 소변을 받는 거예요. 소변을 볼 때 처음에 나오는 소변은 그냥 변기로 보내 버리고
중간쯤에 나오는 소변을 멸균통에 대고 받는 거예요. 소변을 보면서 중간에 멈추지 말고요. 처음에 나오는 소변에는
주로 필요 없는 약간의 미생물들과 죽거나 탈락된 세포들이 포함되어 있어요.

애나: 그렇군요.

재넷: 당신이 뭘 해야 되는지 정확히 설명을 해줄까요?

애나: 네, 그렇게 해주세요.

재넷: 내가 따뜻한 물로 적신 깨끗한 물수건과 소변을 받을 뚜껑이 있는 멸균통을 줄게요. 맨 먼저, 손을 잘 씻은
다음 필요한 물품을 당신 옆에 두고요. 그 통을 열 땐 안쪽을 만지지 마세요. 변기에 앉고 양다리 사이를 벌리고요.
그 물수건으로 성기 부분을 앞에서 뒤쪽으로 닦아요. 그 사용했던 물수건은 버리고 새로운 물수건으로 다시
반복합니다. 대음순 부분을 벌려서 요도 입구 부분과 주변 피부를 깨끗하게 닦아 줍니다. 처음에 나오는 소변을
그냥 버리고 중간에 나오는 30mls 에서 50mls 정도의 소변을 그 멸균통에 받아요. 소변을 채취한 후엔 나머지
소변은 그냥 변기에서 보세요. 뚜껑을 잘 닫고 호출벨을 눌러 주세요. 내가 금방 갈게요. 할 수 있겠어요?

애나: 그럼요. 그 방법을 다시 읊어 볼게요. 신생님께서 젖은 물수건과 통을 주실 거고요. 손을 잘 씻고 모든 걸 다
준비해 놓습니다. 그다음은, 제가 아랫부분을 잡고 있는 동안 그 물수건으로 앞에서 뒤로 두 번 닦고요. 처음 나오는
소변은 버리고 그 통에다 30에서 50mls 정도의 샘플을 받고요. 나머지 소변은 그냥 버리고요. 다 끝나면 호출벨을
누른다. 맞나요?

재넷: 완벽해요. 딱 한 가지만 더. 그 통의 안쪽 부분은 만지지 않는다.

애나: 안 만질게요.

재넷: 그럼 지금 필요한 물건들 갖다줄게요.

42. 비위관 삽입하기

라이언: 아… 정말… 죽겠다. 토할 것 같아요. 토할 수 있는 봉지를 주세요.

재넷: 여기 있어요. 라이언 씨, 외과팀에게서 들은 것처럼 당신은 수술 후 장이 잘 움직이지 않는 장폐색이
생겼어요. 그래서 배가 부풀고 울렁거리는 거예요.

라이언: 이런 젠장. 정말 죽을 것 같아요. 이게 두 번째입니다.

재넷: 그래서 그들이 저에게 비위관을 삽입하길 부탁했어요. 그러면 당신의 복부 압력이 줄어들고 위 내용물을
배출할 수가 있어요. 전에 한 번 해보셨죠?

라이언: 네 해 봤어요. 별로 달갑지는 않지만 지금 그게 필요한 거네요, 그렇죠?

재넷: 네 맞아요.

라이언: 그럼 전 준비됐어요. 당신이 내 코를 통해서 튜브를 넣을 거잖아요. 그렇죠?

재넷: 맞습니다. 당신의 콧구멍으로 튜브를 넣을 것이고 그것은 당신 목구멍 뒤쪽을 지나 식도를 지나고 마지막엔
위 속에 자리를 잡는 거지요. 당신 위 속에 있는 가스와 내용물이 그 튜브를 통해서 배출이 될 것이니 배가 좀
가라앉고 울렁거리거나 토하는 것이 좀 줄어들 겁니다. 아시다시피 튜브를 삽입하는 동안 구토 반사를 유발하기도
하고 이 두꺼운 튜브가 몸 안쪽을 자극 시킬 수 있어서 그다지 유쾌한 기분은 아닐 겁니다.

라이언: 이해해요. 지난번에 튜브 넣을 때 정말 충격이었는데 지금은 당신이 뭘 할 것인지 알아요.

재넷: 그렇게 말씀해 주셔서 감사해요. 그럼 시작할게요. 저를 위해서 똑바로 앉아 주세요. 코끝에서 귀를 지나
검상돌기 부분까지 전체 길이를 잴 겁니다. 됐어요. 그리고 잘 표시를 해야 해요. 안 그러면 얼마나 넣었는지 잊을

수도 있어요. 어느 콧구멍으로 삽입할 건지 특별히 생각하신 것이 있으신가요?

라이언: 아니요. 없습니다.

재넷: 코피가 났던 병력이 있나요?

라이언: 없습니다.

재넷: 좋습니다. 튜브에 윤활제를 바를 건데 부드럽게 들어가도록 도와줄 거예요. 자 이 물컵을 들고 계세요. 이 튜브가 눈에 보이게 당신의 목구멍 뒤쪽에 닿으면 삼킬 것이 필요하거든요. 언제 삼켜야 하는지 제가 알려드릴게요.

라이언: 네.

재넷: 자 지금 삽입합니다. 똑바로 앉아 주세요.

라이언: 으…

재넷: 잘하고 계십니다. 자 입을 벌려 보세요. 저 튜브가 제대로 위치했네요. 당신이 물을 한 모금씩 마시는 동안 제가 좀 더 밀어넣을 겁니다. 준비되셨나요?

라이언: 네.

재넷: 지금 삼키세요. 좋아요. 한 번 더 한 모금.

라이언: (물 들이키는 소리)

재넷: 다시 삼키세요. 거의 다 됐습니다. 한 번만 더 할게요. 물을 들이키고 입에 머금고 계세요.

라이언: (물 들이키는 소리)

재넷: 다시 삼키세요. 좋습니다. 잘하셨어요. 다 끝냈습니다. 잘 들어갔고 배출도 잘 되고 있어요. 튜브를 고정시키겠습니다. 그래야 안 빠지니까요.

라이언: 고마워요, 재넷 간호사님. 지난번 것에 비해 별로 안 아팠어요.

재넷: 좋군요. 아마도 이번엔 당신이 우리가 뭘 할 건지 알아서 좀 더 여유가 있었던 것 같아요. 라이언 씨, 지금은 좀 어때세요?

라이언: 코가 좀 간지러운 것 빼고는 나쁘지 않아요. 괜찮아요.

재넷: 아주 잘하셨어요. 우리는 주로 튜브가 잘 위치했는지 보려고 X-ray를 예약합니다. 담당팀과 이야기하고 알려드릴게요. 그 튜브 때문에 목 뒤쪽이 아플 수 있기 때문에 그들에게 목 스프레이 약 처방해 달라고도 할게요.

라이언: 정말 고마워요.

재넷: 별말씀을요. 이 튜브로 인해서 좀 나아지셨으면 좋겠군요.

43. 음압 상처치료 (1)

재넷: 제프 선생님, 안녕하세요. 오늘 하루는 어떠신가요?

제프 (의사): 안녕하세요. 재넷 간호사님. 바쁜 날이죠. 늘 그랬듯이요.

재넷: 엄청 피곤해 보이는데요. 괜찮은 거 맞아요?

제프: 당신 말이 맞아요. 아직 점심을 못 먹어서 엄청 배고파요.

재넷: 오후 3시네요, 제프 선생님. 제가 차 한 잔이라도 드릴까요?

제프: 고마워요. 근데 윌리엄 씨의 혈액 샘플을 지금 뽑아야 해요. 그 후에 카페를 갈까 합니다.

재넷: 그 말을 들으니 더 안타깝네요. 우리 수간호사 베이비 샤워 때문에 조금 전에 애프터눈 티를 했거든요. 분명히 선생님을 위한 음식이 좀 남아 있을 거예요. 간호사실에 가서 좀 드세요.

제프: 그래도 될까요? 사실 지금 가서 뭐 좀 먹어야 할 것 같아요. 혈당이 낮아져서 손이 막 떨리거든요.

재넷: 그럼요. 가서 좀 드시고 오세요. 그리고 라이언 씨의 드레싱 관련해서 할 말이 있으니까 저한테 와 주세요.

제프: 네 그럴게요. 뭔가를 먹으면 머리가 더 잘 돌아갈 것 같아요.

제프: 재넷 선생님. 무엇을 도와드릴까요?

재넷: 충분히 재충전이 되셨나요?

제프: 그럼요. 머리가 팍팍 돌아갑니다.

재넷: 좋아요. 제프 선생님. 라이언 씨의 복부 상처를 본 적이 있나요?

제프: 어제 수술 부위 감염으로 복부 세척하신 샌드라 라이언 씨 말씀하시는 건가요?

재넷: 네 맞아요. 6호실 샌드라 라이언 씨에 대해서 말하는 겁니다. 아시다시피 어제 감염된 복부 상처 부위 때문에 세척을 하신 분이죠. 수술 후 계획대로 아침에 드레싱을 교체했어요. 제 생각에 그분은 그냥 드레싱보다 음압 상처 치료가 필요한 것 같아요. 상처에서 진물이 많이 나오고 덧대었던 패드는 벌써 다 흠뻑 젖었어요. 그 열린 상처 부위는 몇 개의 스테라이 스트립으로만 붙어 있는데 그녀의 큰 배를 제대로 잡기엔 역부족입니다. 그녀를 위해서 VAC 드레싱을 고려해 보라고 말하고 싶어요.

제프: 음, 제가 아직 그녀의 상처를 못 봤고 아침에 우리가 많이 바빠서 VAC 드레싱이 그녀의 상처 치료에 도움이 될지 서로 상의하지 못했어요.

재넷: 상처 부위를 재 보았는데 길이가 7센티미터, 가로가 5센티미터고 깊이가 4.5 센티미터였어요. 그녀는 비만환자이고 그 상처 부위를 제대로 덮을 수 있는 드레싱이 필요해요. 안 그러면 툭 터질 수 있어서 걱정입니다.

제프: 알려줘서 고마워요. 지금 바로 외과팀과 상의해 볼게요.

재넷: 좋아요. 그들에게 듣는 대로 바로 알려주세요.

제프: 그럴게요. 그 음식들도 감사했습니다.

재넷: 별거 아닙니다. 우린 팀으로 일하는 거잖아요.

44. 음압 상처치료 (2)

재넷: 안녕하세요, 샌드라. 제가 좀 방해해야 될 것 같은데 괜찮으신가요?

샌드라: 안녕하세요, 제넷 선생님. 방해라니요. 어서 들어오세요.

재넷: 고마워요. 뭐 뜨고 계세요?.

샌드라: 내 손주를 위한 작은 담요입니다. 우리 딸이 임신 6주 되었답니다.

재넷: 할머니 되신 것을 축하드립니다. 첫 손주인가요?

샌드라: 아뇨, 다섯 번째입니다. 이래 봬도 등록된 할머니입니다.

재넷: 맞아요. 그렇게 보여요. 색깔과 패턴이 좋군요. 아주 사랑스러워요.

샌드라: 담요 뜨기엔 좀 이른 감이 있지만 아시다시피 아무것도 안 하니 좀 심심해요. 그래서 남편에게 뜨개질 할 것을 좀 갖다달라고 했지요.

재넷: 아주 훌륭한 생각입니다. 그나저나, 샌드라. 의사 선생님과 당신의 상처 드레싱에 관해서 상의했고 VAC 드레싱이라고 부르는 음압 상처치료를 하자고 제안했어요. 그건 Vaccum-Assited Closure의 준말입니다. 제프 선생님이 좀 전에 전화해서 외과팀도 그 드레싱을 하는 것이 좋다고 했습니다. 음압 상처치료에 관해서 들어본 적이 있나요?

샌드라: 아니요, 세상에 그게 뭔가요?

재넷: 어제 옆 병실 환자분을 기억하세요? 작은 기계를 갖고 퇴원하셨어요.

샌드라: 아, 네. 크리스 씨죠. 그분 다리에 좀 특별한 드레싱이 있었어요. 당신이 말하는 것이 그것과 같은 건가요?

재넷: 네 맞아요.

샌드라: 꼭 핸드백처럼 생긴 걸 갖고 다니길래 그게 뭔가 궁금했어요.

재넷: 관찰 능력이 좋으신데요. 그 VAC 드레싱은 여러 가지 타입의 상처를 위해서 사용됩니다. 주로 삼출액이 많이 나는 상처, 다리 궤양 같은 만성 상처, 외과적인 상처, 정상보다 더디 낫는 상처와 피부 이식 같은 상처에도 쓰입니다. 활용도가 높지요. 그 드레싱을 한 번 하면 그 기계가 상처 부위에 음압을 주고 상처 부위가 그 기계로 말미암아 사실상 치료적인 압력 안에서 흡입이 되는 거예요. 그 음압이 상처치료에 도움을 주는데 과도한 삼출액을 제거해서 부기와 통증을 감소시키고, 상처 부위로 혈액순환을 돕는답니다. 또 그래뉼레이션 조직의 성장을 촉진시키고 상처 부위가 서로 잘 아물도록 돕는답니다. 그 기계는 그것에 딸린 작은 통 안으로 삼출액을 모으기 때문에 드레싱을 자주 갈 필요가 없어요. 그저 일주일에 두세 번 드레싱을 교체하면 된답니다. 너무 많은 삼출액은 주변 피부를 젖어서 무르게 하거나 벗겨지게 하는데 그것도 보호할 수 있답니다.

샌드라: 내 기억으로 크리스 씨의 다리는 검은색이었어요. 그래서 혼자 생각하길 그분 다리에 괴사 같은 아주 심각한 문제가 있나 했거든요.

재넷: 그것은 상처 부위에 쓰는 스펀지 같은 검은 색 폼 때문이에요. 상처의 양상에 따라 여러 가지 다른 폼이 있어요. 그 폼에는 무수한 구멍들이 있는데 그 구멍들을 통해서 음압이 전달이 되고 삼출액이 빠져나오는 거예요.

샌드라: 이런, 내가 그분을 아주 잘못 이해하고 있었네요.

재넷: 괜찮아요. 다행인 것은 그분은 VAC에 대해서 잘 안다는 거죠.

샌드라: 지금 그 드레싱 하실 건가요?

재넷: 당신이 어떻게 생각하는지 먼저 알고 싶었어요. 괜찮으시다면 곧 할 수 있어요. 여기 당신을 위한 브로슈어가 있어요. 혹시 질문이 있다면 제가 여기 있습니다.

샌드라: 간호사님이 그 드레싱이 나한테 필요한 거라고 한다면, 당신을 믿어요. 하나 걱정되는 것은, 아픈가요?

재넷: VAC 드레싱을 하신 환자분들에 따르면 그 기계를 처음 켤 때 좀 불편하다고 해요. 아마도 오래된 드레싱을 떼어낼 때 그레뉼레이션 조직이 그 폼 사이에 껴서 아플 수도 있습니다. 그래도 드레싱 교체하기 전에 충분한 진통제를 줄 거예요. 그리고 상처와 드레싱 사이에 뭔가를 넣을 생각입니다. 그러면 음압을 유지하면서 폼은 쉽게 떼어낼 수 있거든요.

샌드라: 그렇군요. 아픈 건 정말 무섭고 완전 미칠 것 같아요.

재넷: 그런 나쁜 통증을 느끼면 안 되죠. 의사 선생님 제프에게 진통제를 좀 더 처방해 달라고 부탁할게요. 그리고 드레싱 하기 30분 전에 약 드릴게요. 어떤가요?

샌드라: 아주 좋아요.

재넷: 좋습니다.

45. 전화상으로 대화하기

마가렛: 안녕하세요. 24병동 사무원 마가렛입니다.

수: 안녕하세요. 마가렛. 저는 임상 병리실에서 근무하는 수라고 합니다.

마가렛: 안녕하세요. 수, 무엇을 도와드릴까요?

수: 크리스틴 존슨 씨의 칼륨 수치에 관해서 담당 간호사님과 이야기하고 싶어서 전화했어요.

마가렛: 잠시만요, 크리스틴 존슨 씨라고 하셨나요?

수: 네 맞아요. 환자번호는 알파, 델타, 에코, 9, 5, 0입니다.

마가렛: 감사합니다. 앤드류 선생님 환자분이군요. 그 선생님은 지금 패밀리 미팅 참여중이어서 전화를 받을 수가 없어요. 메시지를 남기시겠습니까?

수: 음… 급한 사안인데요. 그 환자분의 칼륨 수치가 6.5 mmol/L 로 높거든요.

마가렛: 잠시만요. 재넷 선생님. 앤드류 선생님 환자분 보고 있죠?

재넷: 맞아요. 무슨 일 있나요?

마가렛: 임상병리실에서 크리스틴 존슨 씨에 관해서 전화가 왔는데요, 받아 보시겠어요?

재넷: 그럼요. 안녕하세요. 간호사 재넷입니다.

수: 안녕하세요, 재넷 선생님. 저는 임상병리실에 근무하는 수라고 합니다. 지금 크리스틴 존슨 씨 간호하고 계신가요?

재넷: 제가 앤드류 간호사의 버디간호사라서 그가 미팅에 참여하는 동안 그의 환자분들을 간호하고 있어요. 무슨 일인가요?

수: 크리스틴 존슨 씨의 혈중 칼륨 수치가 6.5입니다.

재넷: 이런. 좋지 않은 소식이군요. 이름과 환자번호를 다시 한번 확인해 볼게요. 다시 한번 읽어 주실 수 있나요?

수: 크리스틴 존슨 씨이고, 85세 여성분입니다. 알파, 델타, 에코, 9, 5, 0이고요.

재넷: 네 맞습니다. 알려 주셔서 고마워요. 얼른 심전도 한 후에 담당 의사에게 연락할게요.

수: 좋아요. 선생님 이름이 뭐라고 하셨죠?

재넷: 24병동 간호사 재넷 심슨입니다.

수: 감사합니다. 재넷 선생님. 좋은 하루 보내세요.

재넷: 선생님도요. 안녕히 계세요. 마가렛, 제프 선생님한테 페이지 했거든요. 연락 오면 알려주세요. 나는 크리스틴 씨 심전도 찍고 있을게요.

마가렛: 네 알겠어요.

심전도 찍은 후

재넷: 마가렛, 제프 선생 전화 왔었나요?

(전화벨 소리)

마가렛: 장담하건대 이거 분명히 그 선생님 전화일 거예요. 24병동 사무원 마가렛입니다.

제프: 안녕하세요. 마가렛, 제프인데요. 10분 전에 누가 저 호출했거든요. 아, 재넷 선생님이네요. 거기 계신가요?

마가렛: 네, 기다리고 있었어요. 잠시만요.

재넷: 안녕하세요, 제프 선생님. 잘 지내셨나요?

제프: 괜찮았어요. 선생님은요?

재넷: 저도 좋아요. 고마워요. 크리스틴 존슨 씨 때문에 호출했어요. 그분 혈중 칼륨 수치가 6.5입니다.

제프: 높군요. 심전도를 해 주시겠어요? 5분 안에 갈게요.

재넷: 벌써 해놓았지요. 지난번 심전도에 비해서 T파가 살짝 올라갔네요.

제프: 훌륭합니다. 재넷 선생님. 지금 가는 중이니까 좀 있다 뵈어요.

재넷: 네, 좀 있다 봐요.

46. 침상 옆 인수인계

피터: 나의 다음 그리고 마지막 환자분은 3호실에 계신 크리스 씨입니다. 그분께로 가 볼까요. 지금 그의 부인 되시는 분이 아침부터 함께 계시는데, 그녀는 PEG 피딩과 laryngeal stoma를 통해서 석션하는 것을 배우셨어요. 알고 싶어 하셔서 가르쳐 드렸는데 아주 잘하시더라고요.

재넷: 벌써 교육을 시작했다니 아주 훌륭하군요. 크리스 씨 부인인 매리 씨가 어제 피딩하고 석션하는 것 가르쳐 달라고 했는데 제가 하이드씨의 수술 후 출혈로 다시 응급 수술 보내느라 엄청 바빴어요. 근무 시작부터 아주 난리도 아니었거든요.

피터: 어제 그 응급상황 때문에 얼마나 바쁘셨는지 들었어요. 고생하셨어요.

재넷: 사실 엉망진창이었죠. 그래도 오늘은 새로운 날이니까.

피터: 회복력이 대단하십니다. 저기 계시는군요. 안녕하세요, 크리스 씨, 매리 씨. 좀 어떠세요? 벌써 인수인계 시간이 됐어요.

재넷: 안녕하세요, 크리스 씨 그리고 매리 씨. 제가 다시 왔어요. 여기는 간호학교 2학년인 소피이고 오늘부터 몇 주 동안 저와 함께 일할 거예요.

소피: 안녕하세요, 레이노 씨. 재넷 선생님이 말씀하신 것처럼 제 이름은 소피고요, 간호학교 2학년입니다. 두 분을 만나서 반갑습니다.

매리: 만나서 반가워요. 소피 학생. 나는 매리이고 여긴 내 남편 크리스예요. 지금 손 흔들고 있네요. 알겠지만 그는 말을 할 수가 없어요.

피터: 언제나 그랬듯 인수인계를 할 예정입니다. 크리스 씨, 인수인계에 소피 학생이 참여하는 것이 괜찮으신가요? 당신의 상처 부위와 PEG 튜브를 포함한 당신의 상황에 대해서 이야기할 거예요.

(크리스는 화이트보드에 무언가를 적는다)

재넷: "만나서 반가워요. 소피 학생. 이 정글에 오신 것을 환영하고 저는 괜찮습니다." 아니 크리스 씨, 이 학생에게 겁을 주면 안 돼요. 이 정글에서 무사하도록 내가 지켜 줄게요.

소피: 레이노씨 감사합니다. 여기 재넷 선생님 옆에 24시간 꼭 붙어 있을게요.

피터: 자, 알다시피, 크리스 씨는 후두절제술을 받으셨고 오늘은 수술 후 이틀째인데 아주 잘하고 계시죠. 오늘

아침에 이비인후과 팀이 환자분을 만났고 tracheal tube에서 이 laryngeal tube로 교체해 줬습니다. 여기 목에 있는 봉합 부분과 laryngectomy stoma 부분은 의사 회진 후에 깨끗하게 해드렸고 감염증상은 없습니다. 이 laryngeal tube는 여러 번 깊은 석션을 해서 깨끗한 상태고요. 음성장치도 잘 보이고 유지가 잘 됩니다. 분비물이 좀 끈적해서 침대에 계시는 동안에는 가습장치를 사용하고 계세요. 하지만 거동하실 때는 이 HME 마개로 교체할 수 있습니다. 활력징후를 봅시다. 보시다시피 모두 정상범위 안에 있고 좋아요. 삼키는 검사를 할 때까지 절대 금식이라서 정규 약은 이 PEG 관을 통해서 투약하고 있어요. 당신의 피딩 튜브를 재넷 선생님께 보여 드릴게요. 고맙습니다. 이 튜브는 막히지 않고 잘 유지되었고 4시간 간격으로 따뜻한 물을 투여하고 있고 다음 것은 오후 4시에 하면 돼요. 이 PEG 튜브 입구 부분에 마른 부스러기 같은 것들이 있어서 멸균 생리 식염수로 잘 세척했고 감염 증상은 없습니다. 이 튜브는 앞쪽과 뒤쪽으로 잘 움직이고 있고요. 피딩은 시간당 100mls로 주입되고 있고 정오부터 다음 날 아침 8시까지 간헐적으로 주입됩니다. 이 새로운 것은 정오에 달아서 다음 날 아침 8시까지 갈 거고 그 후에 4시간 정도 피딩을 안 하고 휴식을 취할 겁니다. 현재까진 이 피딩 속도에 잘 적응하고 계십니다. 금식을 하고 계시기 때문에 구강관리로는 양치를 스스로 하고 잘 뱉어내고 계십니다. 매리 씨와 병동 주위를 잘 잘 걸어서서 제 생각에 오늘 오후엔 좀 더 멀리 걸으셔도 좋을 것 같습니다. 음… 이게 다인 것 같아요. 제가 뭐 빠트린 것은 없나요?

재넷: 하나만 더요. 음성장치를 못 봤는데 같이 볼까요?

피터: 맞아요. 크리스 씨, 목을 좀 봐도 될까요? 고맙습니다. 이 laryngeal tube를 빼 볼게요. 목이 자극을 받아서 기침이 나올 수도 있습니다. 감사합니다. 재넷 선생님. 여기 있어요. 보이시나요?

재넷: 네 잘 보입니다. 고마워요. 피터 선생님. 자 크리스 씨. 10분 후에 활력징후를 확인하러 다시 올게요. 나가기 전에 뭐 원하시는 게 있나요?

(크리스 씨가 적고 있다) "괜찮아요. 서두르지 말고 시간을 보내고 오세요."

재넷: 여기 호출벨이 있어요. 우리가 필요하면 누르세요. 금방 올게요.

피터: 자 됐죠? 그럼 저 퇴근합니다. 좋은 시간 되세요. 크리스 씨, 매리 씨. 내일 만나요 .
제넷 선생님 그리고 소피 학생, 편안한 근무 시간이 되길 바랍니다.

재넷: 고마워요. 피터 선생님. 남은 시간 즐겁게 보내세요.

47. 학생간호사와의 대화 (1)

재넷: 소피 학생. 우리 환자분들을 위한 계획을 만들러 간호사실로 돌아갑시다.

소피: 아, 네.

재넷: 괜찮아요? 좀 창백해 보이는데요. 의자에 좀 앉을래요?

소피: 전 괜찮아요. 그냥 좀 압도당한 느낌이 들었어요. 지난 학기에 호흡기계 해부학과 후두절제술의 병태 생리학에 대해서 배웠고 이번 실습을 위해서 그 내용들을 다시 복습했는데 실제상황과 배운 것을 서로 연결하는 것이 좀 어려워요. 그냥 머리가 하얗게 된 것 같아요.

재넷: 와 정말 열심히 하는 학생이군요. 내가 후두절제술과 크리스 씨를 위한 간호를 좀 더 구체적으로 설명해 주면 도움이 될까요?

소피: 그렇게 해주신다면 정말 감사하겠습니다.

재넷: 좋아요. 후두절제술과 그것의 해부학에 대해서 공부했다고 했는데 후두절제술이 무엇인지 말해 보세요.

소피: 네, 먼저, 후두는 호흡기의 한 부분으로 인두와 기관지 사이에 위치하고 있습니다. 거기엔 성대와 후두, 갑상선과 연골들이 포함되어 있어요. 만약에 환자들이 후두에 암이 있다면 외과 의사는 후두를 부분적으로나 전체적으로 절제를 하고 그것을 후두절제술이라고 부릅니다.

재넷: 맞아요. 기본적으로 후두절제술을 받은 환자들은 성대를 잃었기 때문에 말을 할 수가 없어요. 효과적인 의사소통이 아주 중요하지요. 의사소통을 위해서 여러 가지 방법을 사용할 수 있는데 종이나, 펜, 화이트보드나 작문을 위해서 모바일 장치들 그리고 아이 컨택이 있어요. 만약에 그분들이 응급하게 간호사가 필요할지라도 도움 요청을 위해서 소리를 지를 수가 없어요. 그래서 환자분들이 호출벨을 사용할 줄 아는지 확인하는 것이 정말

중요하고 호출벨은 환자분들 가까이 있어서 언제든 사용이 가능해야 합니다. 다행인 것은 그분들은 다른 방법으로 의사소통을 할 수 있다는 것입니다. laryngectomy stoma 안쪽에 있던 성대보조기 기억해요?

소피: 아까 피터 선생님이 laryngeal tube 뺀 후에 보여 줬던 것 말씀하시는 건가요?

재넷: 맞아요. 크리스 씨는 그 stoma가 다 나으면 그 음성 밸브를 통해서 말을 할 거예요. 그건 기관지와 식도 사이에 삽입되어 있고 한 방향으로만 통하도록 놓여져 있어요. stoma를 막으면 내쉰 공기가 기관지에서 식도를 지나 그 밸브를 통과한답니다. 그 공기가 식도를 통과할 때 주위의 조직을 진동시켜서 소리를 만들어 내는 거예요. 그것이 크리스 씨가 음성 밸브를 통해서 말을 할 방법이죠.

소피: 정말 신기해요.

재넷: 그러면 크리스 씨가 어떻게 호흡을 하는지 말해 볼까요?

소피: 그건…. 그분은 후두절개한 구멍을 통해서 호흡을 합니다.

재넷: 맞았어요. 그 환자분은 정상적인 방법으로 호흡을 할 수가 없지요. 내 말은 코를 통해서는 못한다는 것이죠. 당신이 코로 숨을 들이쉬면 당신의 코는 냄새를 맡는 것만이 아니라 들이쉰 공기에 습기를 주고 온도를 높여 주지요. 그 안의 털은 공기 중에 있던 이물질들을 걸러 주어 당신의 몸을 보호한답니다. 우리가 자각하든 못하든 코는 그렇게 놀라운 기능을 가지고 있는데 크리스 씨는 그런 기능을 영원히 상실하게 된 것이죠. 그래서 우리가 가습기로 그분이 호흡하는 공기에 습기와 온도를 더해 주는 것이고 크리스 씨가 그의 변화된 신체에 적응될 때까지 그의 호흡기를 도와주는 거예요.

소피: 아 그렇구나. 제가 코의 기능을 알았지만 이 모든 것을 다 연결하지는 못했네요. 정말 대단해요. 재넷 선생님. 그러면 그 PE? Pig 튜브라는 것은 뭐예요? 그 환자분이 왜 그것을 갖고 계신 건가요?

재넷: 그것은 PEG 튜브라고 해요. percutaneous endoscopic gastrostomy의 준말인데요. 적절한 영양분을 그 튜브를 통해서 공급하지요. 그 튜브는 복벽을 통해서 바로 위로 삽입이 되어 있어서 영양 보충물들이 입과 식도를 지나지 않고 바로 위로 전달돼요. 크리스 씨는 수술 부위의 상처들이 잘 아물고 삼키는 검사를 하기 전까진 정상적으로 먹거나 마실 수 없어요. 그래도 적절한 영양 공급은 암환자분들에게 정말 중요하잖아요. 그래서 그분은 PEG 튜브를 갖고 있는 것이죠. 그 튜브에 관련된 간호를 본다면 간호사는 환자들의 체액균형이 맞는지 주의 깊게 살펴야 하고 그 튜브가 막히지 않고 그 입구 부분에 문제가 생기지 않도록 유지를 해야 한답니다.

소피: 와, 선생님께서 설명해 주신 모든 것이 정말 흥미롭고 대단해요. 모든 절차나 간호가 다 근거가 있어요. 선생님들은 도대체 이 모든 것들을 다 관리하세요?

재넷: 난 설명을 엄청 간단히 한 건데요. 더 말해 주고 싶은 것은 많은데 겁먹을까 봐 안 하는 겁니다. 한 번에 다 배울 수 없으니 조금씩 조금씩. 시도와 실패를 통해서 그리고 열정을 가지고 돌아보면서 배우는 것이지요. 천천히 해요. 소피 학생.

소피: 무슨 말씀인지 잘 알겠습니다. 재넷 선생님. 정말 감사합니다.

재넷: 자 좋아요. 그럼 우리가 좀 서두르는 것이 좋겠어요. 안 그럼 늦게 끝날지 모르겠어요.

48. 학생간호사와의 대화 (2)

재넷: 소피 학생, 어때요?

소피: 좋아요, 감사합니다. 솔직히 어젯밤에 비하면 훨씬 편안해졌어요. 오히려 좀 흥분도 되고요. 지난번에 외과 병동 실습 마친 같은 반 친구들이 겁을 줘서 오늘 아침까지 많이 긴장되고 걱정했어요. 그들이 말하길 외과 병동은 정말 바쁘고 복잡하다고 했지요. 하지만 제가 느끼기엔 정말 좋아요. 제 말은 배울 것이 정말 많고 아직은 잘 모르지만 막 설레요.

재넷: 그 친구들이 왜 그렇게 말했는지 어느 정도 이해가 되긴 합니다. 나도 신규 때는 그렇게 생각했거든요. 그런데 나의 간호를 받은 환자들이 좋아지는 것을 보면 엄청난 보상이 되지요. 어쨌든, 현재까지 즐기고 있다고 들으니 좋네요. 자, 다음에 할 일이 무엇인지 볼까요? 그리고 물어보고 싶은 게 있으면 주저말고 물어봐요. 안 그러면 학생이 무엇을 모르는지 무엇을 배우고 싶은지 모르고 넘어갈 수도 있어요. 아마도 수천 개의 질문이 있을 수도 있겠네요.

소피: 물어보고 싶은 게 하나 있어요.

재넷: 그게 뭔가요?

소피: 심전도에 관한 건데요. 브라운 씨가 가슴의 통증을 호소했을 때 선생님께서 심전도를 찍으셨어요. 그렇죠? 그 상황이 많이 응급해 보여서 질문을 드릴 수가 없었어요. 그 기계를 보니 여러 개의 선들이 있고 사용하기에 많이 복잡해 보였어요.

재넷: 맞아요. 좀 응급상황이어요. 그래서 문제를 먼저 처리하는 게 우선이었죠. 응급 상황이 아니었다면 심전도에 관해서 설명도 해주고 어떻게 찍는 것인지 알려 줬을 거예요. 근데, 지금 이야기하면 되죠, 뭐.

소피: 정말요?

재넷: 그럼요. 샌드라 환자의 한 시간마다 활력징후 체크하기 전까지 우리에겐 20분의 시간이 있는걸요. 자 그럼, 심전도에 관해서 알고 있는 것들을 말해 보세요.

소피: 음… ECG는 Electrocardiography의 준말입니다. 이것은 환자들의 심장리듬을 보여 주기 때문에 의사나 간호사들이 환자들의 심장 상태를 조사하기 위해서 심전도를 이용합니다.

재넷: 훌륭해요. 심전도는 환자들이 심장에 문제가 있을 때 가장 용이하고 자주 사용되는 진단방법 중의 하나입니다. 당신의 심장이 뛸 때 심장 안에 있는 페이스메이커가 전기 작용을 만들어요. 정상적으로 그 전기 충격은 동방결절과 방실결절, 히스 다발과 퍼킨제 섬유를 순차적으로 지나가요. 심장 안에서 발생하는 전기 작용을 통해서 당신의 심장은 수축과 이완합니다. 다시 말해 당신의 심장은 산소를 포함한 피를 몸으로 분출하고 산소를 잃은 피를 몸으로부터 받게 되는 거죠. 심전도 기계는 피부에 붙여 놓은 electrode들을 통해서 다른 각도로 심장의 전기의 흐름을 모니터하고 기록합니다. 우리는 12-lead 심전도를 사용하는데 즉 양팔과 양다리 그리고 당신의 심장 쪽에 붙여 놓은 electrode들을 통해서 다른 방향에서 심장의 리듬을 보여 준답니다. 그래서 우리가 심장의 어느 부위에 문제가 있는지 알게 되는 거예요.

소피: 와, 정말 재미있어요. 제가 선생님께서 설명하신 것을 잘 이해했는지 모르겠어요. 그러니까 그 electrodes는 카메라 같은 거네요. 맞아요?

재넷: 맞아요. 비디오 카메라 같은 역할을 하는 거예요. 심전도는 웨이브 형태로 전기작용을 보여 주는 거예요. 그리고 세 가지 중요한 것들이 있어요. P파, QRS,파, 그리고 T파. 내가 너무 깊게 들어가는 것은 아닌지 모르겠네요.

소피: 아니에요, 전 괜찮아요. 그것에 대해서 공부했는데 이해하기 좀 어려웠어요. 하지만 선생님의 설명이 정말 많은 도움이 되고 있어요. 괜찮으시다면 계속해 주세요.

재넷: 좋아요. 내가 뭔가를 가르칠 땐 너무 흥분해서 스스로 제어할 필요가 있답니다. 안 그러면 너무 멀리 가거든요, 어디까지 했더라?

소피: P, QRS, T파에 대해서 말씀하셨어요.

재넷: P파는 동방결절에서 만들어진 전기충격이 심방 쪽으로 움직여서 심방들이 수축을 했다는 것을 알려줘요. QRS 파는 그 충격이 방실결절을 따라서 히스번들과 퍼킨제 섬유들을 따라 지나갔다는 것이지요. 그 말인즉슨 심실들이 수축을 했다는 뜻이고요. T 파는 좀 달라요. 그것은 심실이 수축 후에 이완을 했다는 것을 보여 주는 거예요. 다른 말로 각각의 PQRS 파들은 심박동의 각각의 부분들을 보여 주는 것이지요. 심장의 어느 부분이 제대로 작동하지 않는다면 심전도의 웨이브 형태는 비정상이거나 이상한 파의 형태 즉, 불규칙한 간격, 위로 들렸거나 뒤집힌 모양 등으로 보여집니다. 진짜 심전도를 찍고 그 리듬을 본다면 훨씬 이해가 쉬울 거예요.

소피: 제가 더 공부할 수 있도록 심전도에 관한 자료가 더 있을까요? 선생님께서 말씀하신 것을 막 적었는데 그래도 읽을 무언가가 있다면 도움이 될 것 같아요.

재넷: 우리 병원에 심전도에 관한 가이드라인이 있어요. 그것들이 좀 더 많은 정보를 줄 겁니다. 심전도 찍을 일이 있을 때 어떻게 하는지 보여 줄게요. 그리고 다음에 학생이 직접 해볼 수도 있어요.

소피: 정말요? 감사합니다. 재넷 선생님.

재넷: 별말을요. 자 따라오세요. 가이드라인 찾아 줄게요.

49. 동료와 함께 문제 해결하기 (1)

재닛: 안녕하세요, 애나 선생님. 오늘 하루 어떤가요?

애나: 좋아요. (짧고 쌀쌀맞게)

재닛: 아, 그래요? 휴 씨는 좀 어때요? 어제 내 환자여서 좀 나아지셨나 궁금하고 생각나더라고요.

애나: 뭐 괜찮으세요. 제 환자에 대해서 선생님한테 말해야 하나요?

재닛: 그런 의미가 아니었는데. 애나 선생님, 물론 선생님의 환자분들에 대해서 나에게 말할 필요는 없어요. 애나 선생님이 잘 돌보고 있을 테니 모두 다 좋으실 텐데요. 애나 선생님, 혹시 무슨 일이 있으신가요? 왠지 나 때문인지 기분이 좀 나빠 보이는데요.

애나: 괜찮아요. (휴) 기분 나쁘셨다면 죄송해요.

재닛: 아니에요. 애나 선생님, 나는 괜찮아요. 그래도 혹시 내가 도움이 되진 않을까 하는 생각이 드는데. 있으면 말해 줘요. 그리고 혹시 나한테 뭔가 하고 싶은 말이 있다면 말해 주세요. 듣고 싶어요.

애나: 감사합니다. 저… 혹시 지금 시간 되세요?

재닛: 물론이죠. 내가 도울 일이 있을까요?

애나: 많이 이상하게 들릴지도 모르겠지만 그래도 말씀을 드리는 것이 좋을 것 같아요. 저를 싫어하세요?

재닛: 네? 뭐라고요?

애나: 제가 여기에 일하기 시작한 이래로 선생님께서 나를 별로 좋아하지 않는 것 같은 느낌이 들었어요.

재닛: 아니, 세상에나. 말도 안 돼요. 애나 선생님은 똑똑하고 좋은 간호사인데. 내가 선생님의 프리셉터였고 함께 일하게 되어서 난 운이 좋다 했는데. 아니 그런 생각은 도대체 어디서 난 거지요?

애나: 그냥 제 생각이었어요. 제가 신규 때 있었던 그 사고 기억하세요? 제가 엉뚱한 환자에게 약을 잘못 주었던 투약 사고요.

재닛: 네 기억해요. 2년 전이었죠. 그 사고가 무슨 문제를 일으켰나요?

애나: 아니에요. 제가 투약 관련해서 가이드라인을 잘 따르는지 증명하기 위해서 선생님께 모든 것을 평가받아야 했었어요. 그 사고 이후로 선생님께서 제게 실망하셨거나 저에 대해서 확신을 못 하시는 것은 아닌가 하는 생각을 했어요.

재닛: 애나 선생님, 2년 동안이나 그런 느낌을 받았다니 정말 마음이 안 좋네요. 그때 선생님은 안전하고 만족할 만하게 잘했어요. 나는 절대로 선생님을 그렇게 생각하지 않았는데. 왜 나에게 때때로 차갑게 굴까 하고 궁금하긴 했어요. 그것을 평가하는 동안 내가 너무 엄하게 했나 보군요.

애나: 아니에요. 선생님은 저를 지지해 주셨는데 그냥 제가 그렇게 느꼈던 거예요. 저는 다른 병원에서 경력도 있는데 그런 말도 안 되는 실수를 했거든요.

재닛: 내가 그 사고에 대해서 좀 심각하게 생각했고 그래서 선생님에게 좀 엄하게 한 것일지도 몰라요. 알다시피 간호사들은 어떤 투약 사고도 내면 안 되잖아요. 하지만 그런 노력에도 불구하고 그런 사고는 일어날 수 있지요. 어떤 실수도 방지하기 위해서 애나 선생님에게만이 아니라 나 스스로나 다른 간호사들에게도 내가 좀 엄하게 하는 편이죠. 그 사고 이후로 내가 지켜봤는데 환자분들 약과 아이디를 체크하는 데 더 신중하게 하고 있잖아요. 그렇죠?

애나: 맞아요. 그러고 있어요. 그 사고를 심각하게 생각하고 돌이켜봤어요.

재닛: 애나 선생님은 정말 잘하고 있어요. 환자분들이나 다른 동료들이 선생님에 대해서 긍정적으로 평가하는 것을 듣고 있는걸요. 내가 얼마나 자랑스럽게 생각하고 있는데. 내가 선생님의 프리셉터여서 얼마나 뿌듯했는데요. 나를 오해하고 있었다니 정말 충격입니다.

애나: 선생님께서 저를 좋게 생각하시는지 몰랐어요. 제가 오해해서 죄송합니다. 제가 어떤 사람인지 보여 드리고 싶었고 또 선생님께 감동을 주고 싶었기 때문에 저 스스로에게 많이 실망했던 것 같아요.

재닛: 이런, 애나 선생님. 선생님이 어떻게 느끼는지 좀 더 일찍 알았다면 이 문제를 좀 더 빨리 해결할 수 있었을 걸 그랬어요. 그래도 늦지 않은 거죠. 당신은 우리 팀에서 정말 중요한 사람입니다. 나는 선생님과 일할 때 참 즐거워요.

애나: 그렇게 말씀해 주셔서 감사하고 진심으로 죄송해요.

재넷: 사과 잘 받을게요. 다음엔 주저 말고 꼭 말해 줘요.

애나: 네 그럴게요. 휴, 마음이 정말 편안해졌어요.

50. 직장 상사와 함께 문제 해결하기 (2)

(똑똑)

케이트 (수간호사): 들어오세요.

재넷: 안녕하세요. 케이트 선생님. 방해해서 죄송해요.

케이트: 아니에요. 들어와 앉으세요.

재넷: 감사합니다. 오래 붙잡지는 않을게요.

케이트: 괜찮아요. 커피 한 잔 할 건데, 드실래요? 한 잔 드릴게요.

재넷: 그럼 차 한 잔에 우유 조금만 넣어주세요.

케이트: 설탕 없이?

재넷: 오늘 단 거 많이 먹었어요.

케이트: 그렇다면 할 수 없죠. 자 여기 있습니다.

재넷: 고맙습니다. 음… 좋다.

케이트: 자, 재넷 선생님, 무슨 일이신가요?

재넷: 그게요, 제가 실은 이 문제를 선생님께 가지고 와야 하나 말아야 하나 고민 많이 했어요. 그래도 너무 늦지 않게 선생님께 이 문제를 가져와서 해결하자고 결심했어요.

케이트: 뭐지요? 좀 무서운데요. 뭐가 그렇게 심각한가요?

재넷: 아시다시피 제가 우리 병동에서 몇 년 동안 손위생 관련해서 감사를 하잖아요.

케이트: 그렇죠. 그렇게 수고해 줘서 고맙게 생각하고 있어요.

재넷: 제가 이 일을 자랑하려고 하는 것이 아니라 환자들을 위한 안전하고 질적인 간호를 수행하려고 하는 것이고 또 개인적으로 제가 감염관리에 관심이 있거든요. 그래서 제가 자발적으로 하는 것인데요. 앤드류 간호사가 손위생 수칙을 제대로 지키지 않는 것을 여러 번 목격했어요. 그래서 그것의 중요성을 상기시키고 수칙을 따르도록 부드럽게 격려했거든요.

케이트: 무엇이 문제였는지 예를 들어 주세요.

재넷: 네, 그는 환자 접촉 전과 치료하기 전에 손 씻는 것을 종종 잊어버립니다. 예를 들면, 앤드류 선생님이 3호실에 계신 브라이언에게 항생제 정맥주사를 주러 갔어요. 저는 그가 알코올 젤이나 물로 손을 씻을 것을 예상했지요. 갑자기 그가 브라이언 씨의 다리 궤양에서 떨어진 드레싱을 집어들고 휴지통에 버렸어요. 그리곤 손을 씻지 않고 바로 정맥 주사를 주려고 하는 거예요. 아시다시피 제가 감사를 할 때는 가능하면 사람들을 지켜보려고만 해요. 안 그러면 제가 개입하는 느낌이 들거든요. 그때 상황도 그랬어요. 부드럽게 그를 병실 밖으로 불러서 손위생을 상기시켰답니다. 그런데 그가 좀 화가 난 것 같더군요. 제 충고로 인해서 그는 주사를 주기 전에 알코올 젤로 손을 소독했어요. 하지만 그 후에 제게 와서는 손가락으로 지적하면서 그 환자 앞에서 제가 그를 당황스럽게 만들었다고 하는 거예요. 만약에 제가 방해하지 않았다면 젤로 손을 소독했을 거라면서요. 저도 정말 깜짝 놀랐어요. 다른 예는 지난달에 발생했는데요. 그가 환자들을 보는 동안에 같은 장갑을 사용하는 거였어요. 엄연히 그는 새 장갑을 사용해야 하기 때문에 제가 그에게 장갑을 벗고 손을 씻으라고 했습니다. 그가 저를 보며 인상을 썼기 때문에 그가 분명히 기분이 좋지 않다는 것을 알았죠. 그 예시 말고도 그가 손위생을 제대로 하지 않은 채 간호를 수행하는 것을 봐 왔어요. 제가 충고와 조언들을 주곤 했는데 그에겐 별로 받아들여지지 않는 것 같습니다. 그리고 그가 저에게 화가 나 있는 상태라 선생님의 도움이 필요해요.

케이트: 그다지 좋은 상황은 아니군요. 재넷 선생님이 얼마나 속상했는지 알겠어요.

재넷: 네 선생님. 동료들과 문제가 생기는 것은 정말 달갑지 않습니다. 사실 제가 문제를 해결할 수 없어서 선생님과 그 문제를 상의하는 것이 사실 더 힘이 듭니다. 마치 누군가나 뭔가를 고자질하는 것 같고 동료들을 배신하는 것

같은 느낌이 들거든요.

케이트: 재넷 선생님. 그렇게 생각하지 마세요. 제가 보기엔 선생님은 옳은 일을 하고 있는걸요. 감사는 환자 보호를 위한 표준 간호를 유지하고 모니터하는 아주 중요한 방법이죠. 병원의 법규와 규칙들을 따르는 것은 간호사들의 중요한 법적 그리고 전문적인 책임이고요. 이것은 환자들에게 해를 끼치지 않고 좋은 일을 해야 하는 간호사들의 윤리적인 책임이기도 합니다. 나는 이 일이 우리가 풀어야 할 아주 급하고 심각한 문제라고 생각해요. 그리고 앤드류 선생님은 본인의 하는 일에 책임을 지고 설명할 수 있어야 합니다.

재넷: 제가 옳은 일을 하고 있는 거라고 말씀해 주셔서 감사합니다.

케이트: 선생님의 마음이 편하라고 말하는 것이 아니라 간호사들의 적합성을 확신하기 위함이지요. 좋습니다. 나에게 이 문제를 가져와 줘서 고맙고요. 이제부턴 내가 해결할게요.

재넷: 케이트 선생님. 감사해요. 그리고 그에게 해가 되는 일이 없었으면 좋겠습니다.

케이트: 걱정 말고 맘 편히 하세요. 재넷 선생님.

Situational English for Nurses

1판 1쇄 발행 2022년 4월 9일

지은이 Jenna CHOI
기획/제작 Tim HAM(함용주)
디자인 황중선

펴낸 곳 주식회사 바른북스
출판등록 2019년 4월 3일 제2019-000040호
주소 서울시 성동구 연무장5길 9-16, 301호(성수동2가, 블루스톤타워)
대표전화 070-7857-9719
경영지원 02-3409-9719
팩스 070-7610-9820
이메일 barunbooks21@naver.com
원고투고 barunbooks21@naver.com
홈페이지 www.barunbooks.com
공식 블로그 blog.naver.com/barunbooks7
공식 포스트 post.naver.com/barunbooks7
페이스북 www.facebook.com/barunbooks7

ISBN 979-11-6545-697-9